07112
.00

D0925174

Le ciel,
ça existe
pour de vrai

ÉDITIONS DU TRÉSOR CACHÉ
2-36, rue de Varennes
Gatineau, (Québec) Canada
J8T 0B6
Tél.: 819-561-1024
Courriel : editions@tresorcache.com
Site web : www.tresorcache.com

Traduction : Marie-Andrée Gagnon
Révision : Marie-Marthe Jalbert
Infographie : Roseau infographie inc.

Les textes bibliques sont tirés de La Bible en français courant, nouvelle édition révisée 1997

Dépôt légal – 2011
Bibliothèque nationale du Québec
Bibliothèque nationale du Canada
Bibliothèque nationale de France

Gouvernement du Québec – Programme de crédit d'impôt pour l'édition de livres – Gestion SODEC

ISBN 978-2-922405-97-2

Imprimé au Canada

Diffusion / distribution :
Canada : Messageries ADP, Longueuil (Québec), (450) 640-1234
Europe : Interforum editis, Contact France : Messageries ADP, Ivry sur Seine : +33 (0)1 49 59 11 56/91

Le ciel, ça existe pour de vrai

L'histoire étonnante de l'aller-retour au ciel d'un petit garçon

Todd Burpo

en collaboration avec
Lynn Vincent

Éditions du
trésor caché

« *Je vous le déclare, c'est la vérité : si vous ne changez pas pour devenir comme des petits enfants, vous n'entrerez pas dans le Royaume des cieux.* »

—Jésus de Nazareth

REMERCIEMENTS

En racontant l'histoire de Colton, nous avons eu la chance de travailler non seulement avec des professionnels dévoués, mais aussi avec des gens vrais et aimants. Bien entendu, leur compétence nous a impressionnés, mais ce sont davantage leur caractère et leur cœur qui nous ont le plus ravis, Sonja et moi.

Phil McCallum, Joel Kneedler, Lynn Vincent et Debbie Wickwire n'ont pas qu'investi leur vie dans la création du présent livre, ils ont également enrichi notre famille. Sans leurs efforts acharnés et leur sagesse, nous n'aurions jamais pu réaliser *Le ciel, ça existe pour de vrai*.

Nous remercions Dieu tous les jours d'avoir réuni ces gens doués et talentueux afin de nous aider à raconter l'histoire de Colton. Chacun d'eux a été une bénédiction pour nous.

Sonja et moi nous estimons merveilleusement privilégiés de les compter au nombre de nos amis.

PROLOGUE

Des anges chez Arby's

Le 4 juillet évoque des défilés patriotiques, les aromes savoureux d'un barbecue fumant, le maïs sucré et des ciels nocturnes se parant soudainement d'une pluie de lumières éclatantes. Pour ma famille, le week-end du 4 juillet 2003 fait date cependant pour d'autres raisons.

Ma femme, Sonja, et moi avions envisagé d'amener les enfants en visite chez son frère Steve et sa famille à Sioux Falls, dans le Dakota du Sud. Ce serait la première chance que nous aurions de rencontrer notre neveu, Bennett, né deux mois plus tôt. Par ailleurs, nos enfants, Cassie et Colton, n'étaient jamais encore allés à la chute. (Oui, il existe bel et bien une chute Sioux à Sioux Falls.) Voici toutefois le véritable clou de la journée : c'était la première fois que nous quittions notre ville natale d'Imperial, dans le Nebraska, depuis qu'un voyage en famille à Greeley, au Colorado, au mois de mars avait pris les allures du pire cauchemar de notre vie.

À dire vrai, la dernière fois que nous avions fait un voyage en famille, un de nos enfants était passé à un cheveu de la mort. Au risque de passer pour ridicule, je vous avouerai que nous appréhendions tellement de partir cette fois-là que nous avons pris la route presque à contrecœur. Étant pasteur, je ne suis aucunement superstitieux. Toujours est-il que quelque chose d'étrange et d'hésitant en moi me poussait encore à croire que, si nous nous contentions de rester près de la maison, nous serions en sécurité. J'ai toutefois fini par me rendre à la raison – et céder à la tentation de voir le petit Bennett, au sujet de qui Steve nous avait dit qu'il s'agissait du plus beau bébé du monde. Nous avons donc mis dans notre Ford Expedition bleue le bazar nécessaire à un séjour d'un week-end et nous avons préparé la famille à mettre le cap sur le nord.

Sonja et moi avons décidé que le meilleur plan à adopter serait de faire le plus de route possible durant la nuit. Ainsi, même si Colton était ligoté dans son siège de voiture contre sa volonté d'enfant de quatre ans se croyant devenu grand, il dormirait à tout le moins une grande partie du trajet. C'est donc peu après vingt heures que j'ai sorti la voiture de l'entrée en marche arrière, que nous sommes passés devant la Crossroads Wesleyan Church, où j'exerçais le pastorat, et que nous avons emprunté l'autoroute 61. La demi-lune blanche sur fond sombre illuminait les plaines.

Imperial est une petite ville fermière située juste à l'intérieur de la frontière ouest du Nebraska. D'une population d'à peine deux mille habitants et n'ayant pas un seul feu de circulation, il s'agit du genre de ville qui possède plus d'églises que d'institutions financières où les fermiers se rendent directement le midi des champs au café familial, portant des bottes de travail Wolverine, une casquette John Deere et ayant pendant aux hanches une pince leur servant à réparer les clôtures. Cassie, qui avait six ans, et Colton étaient ravis d'être en route vers la « grande ville » de Sioux Falls afin d'y faire la connaissance de leur cousin nouvellement né.

Les enfants ont bavardé sur une distance de cent quarante-cinq kilomètres, jusqu'à la ville de North Platte, tandis que les figurines super héros de Colton se livraient bataille et sauvaient le monde plusieurs fois en cours de route. Il n'était pas encore tout à fait vingt-deux heures lorsque nous sommes entrés dans la ville d'environ vingt-quatre mille habitants qui devait son plus grand titre de gloire au fait d'être la ville natale de Buffalo Bill Cody, le célèbre saltimbanque du Far West. North Platte était à proprement dit le dernier arrêt du monde civilisé – ou du moins le dernier arrêt *ouvert* – par lequel nous passions ce soir-là alors que nous nous apprêtions à nous diriger vers le nord-est pour traverser de vastes étendues de champs de maïs vides de tout, sauf de cerfs, de faisans et de rares maisons de ferme. Nous avions prévu nous y arrêter pour remplir le réservoir et nos estomacs.

Après avoir fait le plein à la station-service Sinclair, nous sommes partis par la rue Jeffers, et j'ai remarqué que nous passions droit au feu de circulation où, si nous tournions à gauche, nous nous rendrions au Great Plains Regional Medical Center. C'est là que nous avions passé quinze journées cauchemardesques en mars, surtout à genoux, à prier Dieu d'épargner la vie de Colton. C'est ce que Dieu a fait, mais Sonja et moi aimons dire à la blague que l'expérience a fauché des années de notre propre vie.

Il arrive parfois que le rire soit le seul moyen de surmonter des temps difficiles, si bien qu'au moment de passer l'intersection, j'ai décidé de taquiner Colton un petit peu.

«Hé! Colton, si nous tournons ici, nous pouvons retourner à l'hôpital, lui ai-je dit. Ça te dirait d'y retourner?»

Notre enfant préscolaire a rigolé dans l'obscurité. «Non, papa, ne m'envoie pas là! Envoie Cassie… Cassie peut aller à l'hôpital!»

Assise à côté de lui, sa sœur a répondu en riant: «Pas question!»

Sur le siège du passager, Sonja s'est retournée pour voir notre fils, dont le siège de voiture était installé derrière moi. J'imaginais sa chevelure blonde en brosse et ses yeux azurés brillant dans le noir. «Te souviens-tu de l'hôpital, Colton?» lui a demandé Sonja.

«Oui, maman, je me souviens. C'est là que les anges ont chanté pour moi», lui a-t-il répondu.

Dans l'Expedition, le temps s'est arrêté. Sonja et moi nous sommes regardés, nous passant un message silencieux: *Est-ce qu'il vient de dire ce que je crois qu'il a dit?*

Sonja s'est penchée vers moi et m'a murmuré: «Il t'a déjà parlé des anges, à toi?»

Je lui ai répondu que non d'un signe de la tête. «À toi?»

Elle m'a répondu à son tour par un signe de tête négatif.

Ayant repéré un Arby's, je me suis garé dans le parking et j'ai coupé le moteur. La lumière blanche d'un lampadaire filtrait à travers les vitres de l'Expedition. Me tortillant sur mon siège, j'ai jeté un coup d'œil à Colton. J'ai été alors frappé de le voir si petit, si gamin. Ce n'était vraiment qu'un petit garçon qui parlait encore avec une innocence et une franchise charmantes (et parfois embarrassantes). Si vous êtes parent, vous savez de quoi je parle : l'âge auquel un enfant peut désigner du doigt une femme enceinte et demander (bien fort) : « Papa, pourquoi elle est si grosse, la dame ? » Colton était dans cette courte période de la vie où il n'avait pas encore appris le tact ou la duplicité.

Un flot de pensées m'a envahi comme un éclair tandis que je m'efforçais de trouver une réponse à fournir à mon enfant de quatre ans, qui venait de me dire tout bonnement que des *anges* avaient chanté pour lui. J'ai fini par me lancer : « Colton, tu dis que des anges ont chanté pour toi quand tu étais à l'hôpital ? »

Il me l'a confirmé en hochant vigoureusement la tête.

« Qu'est-ce qu'ils ont chanté pour toi ? »

Colton a alors levé les yeux et a tourné le regard vers la droite, comme s'il fouillait sa mémoire. « Heu, ils ont chanté "Jésus m'aime" et "Josué a livré bataille à Jéricho", a-t-il dit avec sérieux. Je leur ai demandé de chanter "We will, We Will Rock You", mais ils n'ont pas voulu. »

Tandis que Cassie rigolait doucement, j'ai remarqué que Colton m'avait répondu du tac au tac, d'une voix neutre et sans la moindre hésitation.

Sonja et moi avons échangé un regard de nouveau. *Qu'est-ce qui se passe ? Aurait-il rêvé à l'hôpital ?*

Puis nous nous sommes posé une question de plus sans ouvrir la bouche : *Que dire maintenant ?*

Une question m'est venue naturellement à l'esprit : « Colton, à quoi ressemblaient les anges ? »

Il a semblé se remémorer quelque chose qui l'a fait glousser.

« En fait, il y en a un qui ressemblait à grand-papa Dennis, mais ce n'était pas lui, parce que grand-papa Dennis porte des lunettes. »

Puis il a adopté un air sérieux. «Papa, Jésus a fait chanter les anges pour moi parce que j'avais tellement peur. Et ça allait mieux après.»

Jésus?

J'ai regardé Sonja de nouveau et j'ai vu qu'elle en était bouche bée. Je me suis retourné vers Colton. «Tu veux dire que Jésus était là?»

Mon petit garçon m'a répondu d'un signe de tête affirmatif comme s'il ne confirmait rien de plus remarquable que la présence d'une coccinelle dans le jardin. «Oui, Jésus était là.»

«Dis-moi, où était Jésus?»

Colton m'a regardé droit dans les yeux. «J'étais assis sur les genoux de Jésus.»

S'il y a des interrupteurs sur les conversations, cette déclaration en était certainement un. Étonnés au point d'en perdre la parole, Sonja et moi nous sommes regardés en nous transmettant un autre télégramme silencieux : *OK, il faut vraiment qu'on parle de tout ça.*

Nous sommes tous descendus de l'Expedition et nous nous sommes attroupés dans l'Arby's, d'où nous sommes ressortis quelques minutes plus tard avec un sac de nourriture. Pendant ce temps, Sonja et moi avons échangé des murmures.

«Crois-tu qu'il a vraiment vu des anges?»

«Et *Jésus*?»

«Je l'ignore.»

«Est-ce que c'était un rêve?»

«Je l'ignore — il a l'air tellement convaincu.»

De retour dans le SUV, Sonja a distribué des sandwiches au rosbif et des croquettes de pommes de terre, puis je me suis aventuré à poser une autre question.

«Colton, où étais-tu quand tu as vu Jésus?»

Il m'a regardé comme pour me dire : *On ne vient pas juste d'en parler?*

«À l'hôpital. Tu sais, quand le docteur O'Holleran travaillait sur moi.»

«En fait, le docteur O'Holleran a travaillé sur toi quelques fois, tu te rappelles?» lui ai-je dit.

Colton avait subi une appendicectomie d'urgence, puis un lavage de la cavité péritonéale à l'hôpital; par la suite, nous avions conduit Colton au cabinet du docteur O'Holleran pour qu'on lui enlève des chéloïdes. «Tu es certain que c'était à l'hôpital?»

Colton l'a confirmé d'un hochement de tête. «Oui, à l'hôpital. Quand j'étais avec Jésus, tu priais, et maman parlait au téléphone.»

Quoi?

Ça voulait vraiment dire qu'il parlait de l'hôpital. Mais comment pouvait-il donc savoir où nous étions?

«Mais tu étais au bloc opératoire, Colton, ai-je dit. Comment pouvais-tu savoir ce qu'on était en train de faire?»

«Parce que je pouvais vous voir, a-t-il répondu d'une voix neutre. Je suis sorti de mon corps, j'ai regardé en bas, et j'ai vu le médecin qui travaillait sur mon corps. Et je vous ai vus, toi et maman. Tu étais seul dans une petite chambre, en train de prier; et maman était dans une autre chambre, et elle priait et elle parlait au téléphone.»

Les paroles de Colton m'ont ébranlé au plus profond de mon être. Sonja avait les yeux plus grands que jamais, mais elle ne disait rien; elle s'est contentée de me fixer du regard et de mordre distraitement dans son sandwich.

C'était là toute l'information que j'étais capable de traiter pour l'instant. J'ai mis la clef dans le contact, puis nous avons repris la route en direction du Dakota du Sud. À notre arrivée sur l'autoroute I-80, des pâturages se sont mis à défiler de chaque côté, parsemés ici et là de mares aux canards luisant dans les rayons de lune. Comme l'heure était maintenant très avancée, tous les autres passagers n'ont pas tardé à s'assoupir comme prévu.

Au son du bourdonnement de la route qui défilait sous la voiture, je m'émerveillais de ce que je venais d'entendre. Notre petit garçon venait de dire des choses tout à fait incroyables – en étayant ses dires d'informations crédibles, de faits qu'il n'avait aucun moyen de connaître. Nous ne lui avions pas dit ce que nous avions fait pendant qu'il était en chirurgie, anesthésié, apparemment inconscient.

Je ne cessais de me redemander : *Comment pouvait-il savoir ?* Mais au moment de franchir la frontière du Dakota du Sud, j'avais une autre question en tête : *Cela pouvait-il être vrai ?*

CHAPITRE UN

LE CRAWL-A-SEE-UM
(L'INSECTARIUM)

Le voyage en famille était censé être une occasion de célébrer lorsque notre cauchemar a commencé. Dès le début de mars 2003, j'étais censé me rendre à Greeley, au Colorado, pour y assister à une réunion du conseil d'administration du district de l'Église Wesleyan. Depuis le mois d'août de l'année précédente, notre famille avait cheminé sur une route cahoteuse : sept mois à subir les unes après les autres des blessures et des maladies incluant une jambe cassée en plus d'un endroit, deux chirurgies et une alerte au cancer ; or, tout cela avait contribué à vider notre compte de banque au point que j'en étais presque à entendre des bruits de succion lorsque nous recevions nos états de compte par la poste. Mon maigre salaire de pasteur n'en avait pas souffert, mais notre principale source de revenus était le commerce de portes de garage que nous possédions. Nos épreuves médicales avaient fait payer un lourd tribut à nos finances.

En février, cependant, nous semblions avoir surmonté tout cela. Étant donné que je devais me déplacer de toute manière, nous avons décidé de transformer le voyage de la réunion du conseil d'administration en une sorte de nouveau départ pour notre vie familiale – une occasion de nous amuser un peu, de nous rafraîchir l'esprit et de repartir avec un espoir renouvelé.

Sonja avait entendu parler d'un endroit formidable à visiter pour les enfants juste en dehors de Denver appelé Butterfly Pavilion (Pavillon des papillons). Présenté comme un «zoo pour invertébrés», le Butterfly Pavilion a ouvert ses portes en 1995 à titre de projet éducatif visant à enseigner des choses sur le merveilleux monde des insectes ainsi que des créatures marines, du genre de celles qui vivent dans des cuvettes de marée. De nos jours, les enfants y sont accueillis à l'extérieur du jardin zoologique par une structure de métal imposante et colorée ayant la forme d'une mante religieuse. Cependant, en 2003, l'insecte géant n'était pas encore entré en fonction, si bien que le bâtiment de briques bas situé à une quinzaine de minutes du centre-ville de Denver n'avait rien à l'extérieur pour inciter les enfants à y entrer. À l'intérieur, par contre, un monde de merveilles les y attendait, surtout ceux de l'âge de Colton et de Cassie.

Nous nous sommes arrêtés en premier lieu au «Crawl-A-See-Um», une pièce remplie de terrariums hébergeant des bestioles rampantes, des coléoptères aux cafards et aux araignées. Une exposition, la tour des tarentules, a captivé Cassie et Colton plus que toutes les autres. Cette pile de terrariums était, exactement comme dans la publicité, une tour d'habitats entourés de verre où habitait le genre d'araignées poilues et aux pattes épaisses qui fascinent ou donnent la chair de poule.

Cassie et Colton ont gravi à tour de rôle un escabeau pliant à trois marches pour observer les résidents des étages supérieurs de la tour des tarentules. Dans un terrarium, une tarentule mexicaine blonde avait élu domicile dans un coin, l'exosquelette couvert de ce que la plaquette d'exposition décrivait comme des poils d'une «jolie» couleur pâle. Un autre habitat abritait une tarentule rouge et noir originaire de l'Inde. La «mygale squelette», ainsi nommée en raison de ses pattes noires segmentées par des bandes blanches donnant à l'araignée un peu l'air d'un rayon X à l'envers, était l'une des résidentes faisant le plus peur. Nous avons appris par la suite que cette tarentule squelette en particulier était légèrement rebelle : un jour, elle avait trouvé le moyen de s'échapper, elle avait envahi l'habitat voisin et elle avait fait bonne chère de son voisin.

En grimpant sur l'escabeau pour voir à quoi ressemblait la coquine, Colton m'a regardé en me servant un large sourire qui m'a réchauffé le cœur. Je pouvais sentir les muscles de ma nuque commencer à se dénouer, et quelque part en moi une soupape de pression s'est ouverte, l'équivalent émotionnel d'un long soupir. Pour la première fois depuis des mois, j'avais le sentiment de pouvoir enfin tout simplement jouir de ma famille.

« Ça alors, regardez celle-là ! » s'est exclamée Cassie, en désignant du doigt l'un des terrariums. Ma fillette de six ans un peu trop mince était d'une grande vivacité d'esprit, qu'elle tenait de sa mère. Cassie a désigné du doigt la plaquette d'exposition, sur laquelle on pouvait lire en anglais : « Mygale de Leblond... les femelles peuvent atteindre jusqu'à vingt-huit centimètres de long. »

Celle qui se trouvait dans ce réservoir n'avait qu'environ quinze centimètres de long, mais elle avait le corps aussi épais que le poignet de Colton. Il l'a observée à travers le verre avec les yeux écarquillés. Jetant un œil à Sonja, je l'ai vue froncer le nez.

J'imagine que l'un des gardiens bénévoles du zoo a surpris lui aussi son expression, car il est rapidement venu se porter à la défense de l'araignée. « Cette mygale de Leblond vient d'Amérique latine », a-t-il dit d'un ton amical et éducatif. *Elles ne sont pas aussi dégoûtantes que vous le croyez.* « Les tarentules d'Amérique du Nord et d'Amérique latine sont très dociles. Vous pouvez même en prendre une dans vos mains là-bas. » Il a désigné du doigt un endroit où un autre gardien tenait une petite tarentule dans la paume de sa main de manière à ce qu'un groupe d'enfants puisse la voir de plus près.

En un éclair, Cassie a traversé la pièce pour aller voir ce dont on faisait tout un plat, avec Sonja, Colton et moi à la queue. Dans un coin de la pièce décoré à la manière d'une hutte de bambou, le gardien mettait en vedette l'étoile incontestée du Crawl-A-See-Um : Rosie l'araignée. Cette tarentule au poil rose originaire d'Amérique latine avait un corps de la grosseur d'une prune et des pattes longues de quinze centimètres aussi épaisses que des crayons.

Par contre, aux yeux d'un enfant, ce qu'il y avait de plus remarquable chez Rosie, c'était que, s'il avait le courage de la prendre dans sa main, ne serait-ce qu'un instant, le gardien le récompensait en lui donnant un collant.

Si vous avez des enfants en bas âge, vous savez déjà qu'il y a des moments où ils préfèrent un beau collant à une poignée de monnaie. Et ce collant était particulier, en ce sens qu'il était blanc et qu'il portait l'image d'une tarentule estampillée en jaune sur laquelle on pouvait lire : « I held Rosie ! » (J'ai tenu Rosie !)

Ce n'était pas un bon vieux collant comme les autres ; c'était une preuve de courage !

Cassie s'est penchée bien bas au-dessus de la main du gardien. Colton a levé ses grands yeux bleus vers moi. « Je peux avoir un collant, papa ? »

« Tu dois tenir Rosie pour obtenir un collant, mon grand. »

À cet âge-là, Colton avait sa façon adorable de s'exprimer, misérieux, retenant à moitié son souffle, merveilleusement innocent. C'était un enfant intelligent et amusant avec une conception de la vie en noir et blanc. Une chose était soit amusante (les LEGO), soit assommante (les Barbie). Un aliment lui plaisait (le steak) ou le dégoûtait (les haricots verts). Il y avait les bons garçons et les mauvais garçons, et il ne s'amusait qu'avec des figurines bons gars. Les super héros comptaient énormément pour Colton. Il emportait ses figurines Spider-Man, Batman et Buzz L'Éclair partout où il allait. Ainsi, qu'il soit captif de son siège de voiture dans le SUV, qu'il doive patienter dans une salle d'attente ou sur le plancher de l'église, il était encore en mesure de se créer des scènes dans lesquelles les bons gars sauvaient le monde. Ces scènes incluaient généralement des épées, l'arme dont Colton préférait se servir pour bannir le mal. À la maison, il pouvait *être* le super héros.

À mon arrivée à la maison, je trouvais souvent Colton armé jusqu'aux dents, une épée jouet insérée de chaque côté de sa ceinture et une dans chaque main : « Je joue à Zorro, papa ! Tu veux jouer ? »

Colton reportait maintenant son regard sur l'araignée dans la main du gardien, et il avait l'air de se dire qu'il aurait aimé avoir une épée en main à l'heure même, au moins pour se donner courage. J'essayais de m'imaginer l'effet qu'une énorme araignée pouvait produire sur un petit garçon ayant à peine un mètre de haut. Notre fils était un vrai garçon – un enfant actif qui s'était approché d'énormément de fourmis, de coléoptères et d'autres créatures rampantes. Cependant, aucune de ces bestioles n'avait été aussi grosse que son visage et n'avait eu les poils presque aussi longs que ses cheveux.

Cassie s'est redressée et a souri à Sonja. « Je vais la tenir, maman. Je peux prendre Rosie dans mes mains ? »

« OK, mais tu vas devoir attendre ton tour », lui a répondu Sonja.

Cassie s'est mise en ligne derrière quelques autres enfants. Colton n'a jamais quitté Rosie du regard tandis qu'un garçon puis une fille ont tenu l'énorme araignée, et le gardien les a récompensés en leur remettant le collant qu'ils convoitaient. Le moment de vérité de Cassie n'a pas tardé à arriver. Colton s'est arcbouté contre mes jambes en poussant derrière mes genoux, assez près pour voir sa sœur, mais en même temps assez loin pour fuir si nécessaire. Cassie a tendu la paume de sa main et nous avons tous regardé Rosie, une experte, qui avait acquis beaucoup d'expérience auprès de petits enfants curieux, lever une patte poilue à la fois pour enjamber à toute vitesse le pont entre la main du gardien et celle de Cassie, puis revenir dans celle du gardien.

« Tu y es arrivée ! » a lancé le gardien tandis que Sonja et moi la félicitions de nos applaudissements. « Bravo ! » Puis le gardien s'est relevé et il a retiré un collant blanc et jaune d'un gros rouleau pour le remettre à Cassie.

Bien entendu, cela a empiré les choses pour Colton, non seulement parce que sa sœur lui avait soufflé la vedette, mais aussi parce qu'il était le seul enfant de la famille Burpo à ne pas avoir de collant. Il a regardé avec convoitise le prix de Cassie, puis a reporté son regard sur Rosie, et je voyais bien qu'il cherchait à réprimer sa peur. Finalement, il a fait la moue et il a lentement détourné son regard de Rosie pour le reporter sur moi. « Je ne veux pas la tenir. »

« OK », lui ai-je dit.

« Mais est-ce que je peux avoir un collant ? »

« Non, le seul moyen d'obtenir un collant, c'est de la tenir. Cassie l'a fait. Tu peux le faire aussi, si tu le veux. Veux-tu essayer ? Juste une seconde ? »

Colton a regardé de nouveau l'araignée, puis sa sœur, et j'imaginais volontiers ce qui lui trottait dans la tête : *Cassie l'a fait. Elle ne s'est pas fait mordre.* Puis il a résolument secoué la tête en signe de refus. « Mais je veux *quand même* avoir un *collant* ! » a-t-il insisté. À l'époque, Colton n'en était plus qu'à deux mois de ses quatre ans – et il excellait dans l'art de tenir son bout.

« Le seul moyen pour toi d'obtenir un collant, c'est que tu tiennes Rosie, lui a dit Sonja. Es-tu sûr de ne pas vouloir la tenir ? »

Colton lui a répondu en agrippant la main de Sonja et en cherchant à la faire s'éloigner du gardien. « Non. Je veux aller voir les étoiles de mer. »

« Tu es bien certain ? » lui a demandé Sonja.

D'un signe de tête affirmatif et vigoureux, Colton s'est dirigé d'un pas militaire vers la porte du Crawl-A-See-Um.

CHAPITRE DEUX

LE PASTEUR JOB

Dans la pièce voisine, nous avons trouvé des rangées d'aquariums et de « cuvettes de marée » intérieures. Nous nous sommes promenés autour des expositions, où vivaient des étoiles de mer, des mollusques et des anémones de mer ressemblant à des fleurs sous-marines. Cassie et Colton ne cessaient de s'exclamer d'admiration en plongeant la main dans des cuvettes de marée artificielles et en touchant des créatures qu'ils n'avaient jamais vues.

Ensuite, nous sommes entrés dans un immense atrium garni de plantes originaires de la jungle, de lianes descendantes et de branches ascendantes. Je me suis arrêté aux palmiers et aux fleurs exotiques qui semblaient tout droit sortis d'un des livres de contes de Colton. Et tout autour de nous voltigeaient et tourbillonnaient des nuées de papillons.

Tandis que les enfants s'adonnaient à l'exploration, j'ai laissé mon esprit me ramener à l'été précédent, lorsque Sonja et moi jouions dans une ligue de softball mixte, comme nous le faisions chaque année. Nous finissions généralement parmi les cinq meilleurs, même si nous jouions dans l'équipe « des vieux » – c'est-à-dire les gens dans la trentaine – nous mesurant à des équipes composées de jeunes d'âge universitaire. Je réalisais maintenant clairement que la période éprouvante de sept mois que ma famille venait de traverser avait commencé par une blessure survenue lors du dernier match du dernier tournoi de la saison 2002. Je jouais au champ centre, et Sonja était voltigeur. À l'époque, Sonja avait obtenu sa maîtrise en bibliothéconomie et était encore plus belle à mes yeux que lorsque je l'avais vue pour la première fois traverser nonchalamment le campus du Bartlesville Wesleyan College durant sa première année là-bas.

L'été touchait à sa fin, mais à cause de la canicule, l'atmosphère était assoiffée de pluie. Nous nous étions rendus d'Imperial, environ trente kilomètres plus loin, au village de Wauneta pour y disputer un tournoi à double élimination. À l'approche de minuit, nous étions en bonne voie de remporter le match ultime sous l'éclat bleuté des projecteurs.

J'oublie le score, mais je me rappelle que le match touchait à sa fin et que nous étions sur le point de le remporter. Je venais de frapper un coup sûr et je me trouvais maintenant au deuxième but. Notre frappeur suivant s'est avancé au marbre et a fait voler la balle jusque dans le gazon du champ centre. Voyant la chance me sourire, je suis parti en direction du troisième but tandis qu'un voltigeur cherchait à attraper la balle au vol.

J'ai pressenti que la balle filait en direction du champ intérieur. Notre entraîneur du troisième but m'a fait des gestes frénétiques de la main en me criant : «Glisse! Glisse!»

Sous le coup de l'adrénaline, je me suis jeté au sol et j'ai senti la terre rouge gicler sous ma hanche gauche. Le joueur de l'équipe adverse gardant le troisième but a présenté son gant pour attraper la balle et…

Crac!

Le son de ma jambe se cassant était si fort que j'ai pensé que la balle arrivant en flèche du champ extérieur l'avait percutée. Le feu a éclaté sous ma peau et dans ma cheville. Après m'être tourné sur le dos, je me suis replié en position fœtale et j'ai relevé le genou jusqu'au ventre. La douleur était fulgurante, et je me rappelle le sol autour de moi en train de se transformer en une masse indistincte de jambes, puis de visages consternés, tandis que deux de nos joueurs, des techniciens d'urgence médicale, volaient à mon secours.

Je me souviens vaguement d'avoir vu Sonja se précipiter pour jeter un coup d'œil à mon état. Je savais d'après son expression que ma jambe était pliée de manière semblant anormale. Elle s'est reculée pour laisser nos amis techniciens d'urgence médicale se mettre au travail. Trente-deux kilomètres plus loin, des radiographies à l'hôpital ont révélé deux vilaines fractures. Le tibia, l'os principal du bas de ma jambe, avait subi ce que les médecins appellent une «fracture spiroïde», ce qui signifie que chaque extrémité de l'os cassé ressemblait au motif en spirale d'une mèche. De plus, ma cheville s'était complètement cassée en deux. C'était probablement cette fracture que j'avais entendue. On m'a dit par la suite que le bruit de la fracture avait été fort au point de se faire entendre des spectateurs assis dans les gradins voisins du premier but.

Ce bruit me revenait en tête tandis que Sonja et moi regardions Cassie et Colton trottiner devant nous dans l'atrium du Butterfly Pavilion. Les enfants se sont arrêtés sur un ponceau pour regarder dans un étang où nageaient des carpes japonaises, en bavardant et en désignant des choses du doigt. Des nuées de papillons flottaient dans les airs autour de nous, et j'ai jeté un coup d'œil à la brochure que j'avais achetée à la réception pour voir si je parviendrais à les nommer. Il y avait des «morphos» aux ailes aigues-marines, des «grands planeurs» noir et blanc qui flottaient lentement et doucement dans l'air comme des bouts de papier journal, et des «piérides des jardins», ce papillon tropical aux ailes ayant la couleur d'une mangue fraîche.

J'en étais venu à être tout simplement heureux de pouvoir enfin marcher sans boiter. En plus de la douleur lancinante de la fracture en spirale, l'effet le plus immédat de mon accident s'est fait sentir sur le plan financier. Il relève de la gageure de faire l'installation de portes de garage, qui exige que l'on monte et que l'on descende des échelles, en traînant un plâtre de quatre kilos et demi et une jambe dont le genou refuse de fléchir. Notre solde de compte bancaire a soudain piqué du nez. Avec mon salaire de col bleu que représente mon revenu de pasteur, nos maigres économies se sont volatilisées en quelques semaines à peine. Sans compter que l'argent que nous gagnions était réduit de moitié.

La souffrance que nous causait cet accident transcendait toutefois la question financière. J'étais également pompier volontaire et entraîneur de lutte dans un lycée, deux engagements qui ont souffert de l'état de ma jambe. Les dimanches sont également devenus un défi. Je suis de ces pasteurs qui font les cent pas durant leurs sermons.

Je ne suis en rien du genre de ceux qui prêchent à tue-tête et à coups d'éclat, mais je ne suis pas non plus un prédicateur en ornements sacerdotaux et à la voix douce se prêtant à des lectures liturgiques. Je suis un conteur et, pour raconter des histoires, j'éprouve le besoin de marcher un peu. Et je devais maintenant prêcher assis avec la jambe relevée sur une autre chaise, aussi visible qu'un foc. Me demander de donner le message du dimanche assis, c'était comme demander à un Italien de parler sans employer ses mains. Cependant, l'inconvénient que me causait ma blessure avait beau m'importuner, j'ignorais alors que ce ne serait que le premier domino à tomber.

Un matin du mois d'octobre, juste comme je venais de m'habituer à me rendre partout en clopinant sur mes béquilles, je me suis réveillé avec une douleur sourde et lancinante au bas du dos. J'ai su immédiatement quel était le problème : des calculs rénaux.

La première fois que j'ai eu un calcul rénal, il mesurait six millimètres et avait exigé une chirurgie. Cette fois-ci, après m'avoir fait subir toute une batterie de tests, les médecins ont cru les calculs suffisamment petits pour passer. J'ignore toutefois si c'était une bonne chose : j'ai mis trois jours à les faire passer. Je m'étais déjà coupé le bout du majeur en fermant le hayon dessus. Comparé aux calculs rénaux, l'incident du hayon était une partie de plaisir. Même la fois où je m'étais cassé la jambe en quatre, je n'avais pas souffert autant.

J'ai quand même survécu. En novembre, il y avait trois mois que je me déplaçais en clopinant sur mes béquilles quand je suis allé subir un examen médical.

« La jambe guérit normalement, mais il faut encore la garder plâtrée, m'a dit l'orthopédiste. Y a-t-il autre chose qui vous incommode ? »

Il y avait effectivement autre chose. Je me sentais un peu bizarre de soulever la question, mais du côté gauche de ma poitrine un nœud était apparu tout juste sous la surface du mamelon. Comme je suis droitier, je m'appuyais beaucoup sur ma béquille de gauche lorsque j'écrivais, si bien que j'ai pensé que, puisque le rembourrage de cette béquille avait frotté contre ma poitrine pendant quelques semaines, il avait créé un genre d'irritation sous la peau, une sorte de corne.

Le médecin a éliminé immédiatement cette possibilité, en me disant : « Les béquilles ne font pas ça. Je dois téléphoner à un chirurgien. »

Le chirurgien, Dr Timothy O'Holleran, a effectué une biopsie à l'aiguille. Les résultats qui m'en ont été communiqués quelques jours plus tard m'ont choqué : il s'agissait d'une hyperplasie. Autrement dit, le précurseur du cancer du sein.

Le cancer du sein ! Un homme à la jambe cassée, ayant des calculs rénaux et – voyons donc ! – *le cancer du sein* en plus ?

Par la suite, lorsque d'autres pasteurs de mon district ont eu vent de ce qui m'arrivait, ils se sont mis à m'appeler Pasteur Job, en mémoire de l'homme du livre de la Bible portant le même nom ayant été atteint d'une série de malheurs plus bizarres les uns que les autres. Pour l'instant, le chirurgien me demandait toutefois de faire la même chose que s'il s'agissait des résultats d'une biopsie effectuée sur une femme : subir une lumpectomie.

La femme robuste du Midwest qu'est Sonja a abordé la nouvelle sous un angle pratique. Si le médecin nous recommandait la chirurgie, ce serait le sentier à emprunter. Nous nous en sortirions, en famille.

J'étais de son avis, mais c'était également vers ce temps-là que je me suis mis à m'apitoyer sur mon sort. D'une part, j'en avais assez d'être en béquilles. D'autre part, la lumpectomie n'est pas vraiment la chirurgie la plus masculine au monde. Or, il y avait longtemps que je demandais à l'Église de mettre de côté de l'argent pour me procurer un adjoint. Ce n'est qu'après ma deuxième crise de calculs rénaux que le conseil a autorisé par vote la création de ce poste.

Au lieu d'en avoir éprouvé de la gratitude comme je l'aurais dû, je me suis vautré dans le ressentiment : *Je suis obligé d'être infirme et en danger de recevoir un diagnostic de cancer pour obtenir enfin un peu d'aide ?* Mon apitoiement sur moi-même s'est réellement aggravé un certain après-midi. J'étais au rez-de-chaussée de l'église, un soussol aménagé en réalité, où nous avions une cuisine, une salle de classe et une grande pièce réservée à la communion fraternelle. Je venais tout juste de terminer un peu de travail de paperasse quand je me suis mis à gravir les escaliers en béquilles. Au pied de l'escalier, sur la première marche, j'ai commencé à me mettre en colère contre Dieu.

« C'est injuste », ai-je marmonné à haute voix, en gravissant les escaliers de peine et de misère, une béquille à la fois, une marche à la fois. « Il faut que je souffre et que je sois dans un état aussi lamentable pour qu'ils m'accordent l'aide dont j'ai besoin depuis le début. »

Me sentant plutôt bien dans mon martyre, je venais d'atteindre la marche du haut quand une petite voix douce s'est fait entendre en moi : *Et qu'est-ce que mon Fils a fait pour toi ?*

Mon égoïsme me faisant honte et m'intimant l'humilité, je me suis rappelé ce que Jésus avait dit aux disciples : « Aucun élève n'est supérieur à son maître ; aucun serviteur n'est supérieur à son patron[1]. » Je venais certainement de passer quelques mois pénibles, mais mes ennuis ne se comparaient en rien à ce que beaucoup de gens dans le monde vivaient, même à ce moment précis. Dieu m'avait béni en me confiant un petit groupe de croyants à paître et à servir, et j'étais là à m'en prendre à Dieu parce que ces croyants ne me servaient pas.

« Seigneur, pardonne-moi », ai-je déclaré, en me propulsant vers l'avant avec une énergie renouvelée, comme si mes béquilles s'étaient changées en ailes d'aigle.

En réalité, mon Église me servait *effectivement* – en m'aimant au point de mettre un temps de prière à part tout spécialement à mon intention. Un matin, au début de décembre, le docteur O'Holleran m'a téléphoné à la maison pour m'annoncer une nouvelle étrange : non seulement le tissu était bénin, mais encore il était entièrement normal. Un tissu mammaire normal. « Je ne saurais pas l'expliquer, m'a-t-il dit. La biopsie montrait clairement une hyperplasie. Il aurait donc été normal que nous la retrouvions dans le tissu mammaire que nous avons prélevé lors de la lumpectomie. Mais le tissu était tout à fait normal. Je ne sais pas quoi vous dire. J'ignore comment cela s'est produit. »

Je le savais : Dieu m'avait montré son amour au moyen d'un petit miracle.

CHAPITRE TROIS

COLTON TIENT LE COUP

Le mois suivant, on m'a enlevé mon plâtre. À la suite de l'affolante histoire de cancer et des calculs rénaux, j'ai passé quelques mois à réapprendre à marcher, d'abord avec un appareil plâtré de marche, puis en boitant affreusement, ramenant lentement mes muscles atrophiés à la santé. En février, j'avais enfin retrouvé une certaine autonomie – juste à temps pour une réunion du conseil d'administration du district de notre confession religieuse devant se tenir à Greeley, au Colorado, la première semaine de mars.

«Tu as besoin de changer d'air», m'avait dit Sonja quelques semaines avant la réunion. «De partir et de t'amuser un peu.»

Nous étions maintenant au Butterfly Pavilion. Un monarque est passé en voltigeant, ses ailes d'un orange éclatant segmentées de noir comme un vitrail. J'ai fait intérieurement une prière de reconnaissance pour ce voyage qui avait lieu en fin de compte.

Deux jours plus tôt, le jeudi, Colton s'était mis à dire à Sonja qu'il avait mal au ventre. J'étais déjà à Greeley et, à l'époque, Sonja enseignait à des jeunes à risques au lycée d'Imperial. Refusant d'imposer des frais au lycée pour la faire remplacer, elle a demandé à une bonne amie, Norma Dannatt, si celle-ci pouvait garder Colton chez elle afin d'aller travailler. Norma, qui était comme une tante préférée pour nos enfants, a immédiatement accepté. Cependant, en mi-journée, le téléphone cellulaire de Sonja a sonné. C'était

Norma, l'informant que l'état de Colton s'était terriblement détérioré. Il brûlait de fièvre, était agité de frissons et avait passé la majeure partie de la matinée couché sur le canapé de Norma, presque inerte et enveloppé dans une couverture.

«Il dit qu'il gèle, mais il est en nage», a expliqué Norma, manifestement inquiète. Elle a ajouté que Colton avait le front couvert de gouttes de sueur grosses comme des larmes.

Le mari de Norma, Bryan, était rentré à la maison et avait décidé après un seul coup d'œil que Colton était assez malade pour qu'on le conduise à l'urgence. Sonja m'a alors téléphoné à Greeley pour m'annoncer la nouvelle et, à l'instant même, j'ai vu notre voyage visant à célébrer la fin d'une suite de blessures et de maladies être annulé pour cause, encore une fois, de maladie.

Sonja a quitté le travail tôt, a récupéré Colton chez Norma et l'a conduit chez le médecin, qui l'a informée qu'une grippe intestinale était en train de se propager dans toute la ville. Le soir même, notre voyage était encore incertain. Chacun de notre côté, à Greeley et à Imperial, Sonja et moi avons prié afin que l'état de Colton s'améliore suffisamment pour que notre voyage ait lieu et, le matin venu, nous avons obtenu notre réponse : oui !

Au cours de la nuit, la fièvre de Colton était tombée et l'après-midi du vendredi venu, il était revenu à la normale. Sonja m'a alors téléphoné pour me dire : «Nous sommes sur notre départ!»

Maintenant, au Butterfly Pavilion, Sonja consultait sa montre. Nous devions rencontrer Steve Wilson, le pasteur de la Greeley Wesleyan Church, et sa femme, Rebecca, pour manger avec eux le soir même, et les enfants voulaient encore avoir la chance de se baigner dans la piscine de l'hôtel. Ils n'avaient *aucune* chance de le faire en mars à Imperial, si bien qu'ils voulaient saisir cette rare occasion. «OK, nous devrions probablement retourner à l'hôtel», a déclaré Sonja.

Je l'ai regardée, puis Colton. «Hé! mon grand, c'est l'heure de partir. Es-tu toujours certain de ne pas vouloir tenir Rosie? lui ai-je demandé. C'est ta dernière chance d'obtenir un collant. Qu'en dis-tu?»

Des émotions ont balayé le visage de Colton comme les rayons de soleil et les nuages d'un front météorologique au passage rapide. Même sa grande sœur s'était mise à le taquiner légèrement par rapport à ses craintes. Sous mon regard, Colton a plissé les yeux et a serré la mâchoire : il voulait ce collant.

«OK, je vais la tenir, a-t-il dit. Mais juste un petit peu.»

Avant qu'il ne change d'avis, nous sommes tous retournés en bande dans le Crawl-A-See-Um, où j'ai interpellé le gardien : «Voici Colton, et il veut tenter le coup.»

Le gardien a souri et s'est penché. «OK, Colton, es-tu prêt?»

Raide comme une planche, notre fils a tendu la main, que j'ai prise dans le creux de ma propre main après m'être penché.

«Tu vas voir que c'est super facile, Colton, lui a dit le gardien. Tu n'as qu'à garder la main plate et immobile. Rosie est très gentille. Elle ne va pas te faire de mal.»

Le gardien a levé la main, et Rosie s'est avancée furtivement dans la main de Colton, avant de retourner dans la main du gardien qui l'attendait de l'autre côté, sans jamais ralentir son pas. Nous avons tous félicité Colton de nos éclats de voix et de nos applaudissements, tandis que le gardien lui remettait son collant. Il avait surmonté sa peur! C'était une grande victoire pour lui. Le moment avait semblé être comme la cerise sur le gâteau d'une journée parfaite.

Tandis que nous quittions le Butterfly Pavilion, je me suis mis à me remémorer les derniers mois de notre vie. J'avais peine à croire que la jambe cassée, les calculs rénaux, le travail manqué, le stress financier, les trois chirurgies et le faux diagnostic de cancer s'étaient tous produits en une seule demi-année. À l'instant même, j'ai réalisé pour la première fois que j'avais eu l'impression d'avoir livré un combat. Depuis des mois, j'étais resté sur mes gardes, à attendre de recevoir le crochet suivant. Maintenant, je me sentais toutefois complètement détendu pour la première fois depuis l'été précédent.

Si j'avais laissé mon esprit s'abandonner à cette métaphore relative à la boxe un peu plus longtemps encore, je l'aurais peut-être suivie jusqu'à sa conclusion logique : dans un match de boxe, les boxeurs encaissent quelques vilains coups parce qu'ils y sont prêts.

Et généralement, le crochet qui les envoie au tapis, c'est celui qu'ils n'ont pas vu venir.

CHAPITRE QUATRE

DE VAGUES INDICATIONS

Plus tard le même soir, après avoir nagé, Cassie et Colton se sont assis sur une grande banquette ronde de l'Old Chicago Restaurant à Greeley, au Colorado, et se sont mis à colorier pendant que Sonja et moi bavardions avec le pasteur Steve Wilson et sa femme, Rebecca. Nous avions déjà arrêté notre choix sur de merveilleux plats italiens, y compris ceux que les enfants préféraient généralement : pizza, spaghetti et pain à l'ail.

Steve était pasteur principal d'une Église de mille cinq cents à deux mille personnes, soit presque la population de notre ville d'Imperial. C'était l'occasion pour Sonja et moi de faire la connaissance d'un autre pasteur de notre district et de voir comment d'autres pasteurs exerçaient leur pastorat. Nous avions prévu aller à l'église de Steve, la Greeley Wesleyan, le lendemain. Sonja désirait tout particulièrement jeter un coup d'œil au déroulement du programme pour enfants du dimanche matin. Rebecca répartissait son temps entre la conversation avec les grands et le coloriage avec les petits.

« Ça alors, Colton, quelle superbe pizza tu nous colores là ! » s'est-elle exclamée. Colton lui a servi un semblant de sourire poli, mais était devenu étrangement tranquille. Et puis, quelques minutes plus tard, il a déclaré : « Maman, j'ai mal au ventre. »

Sonja et moi avons échangé un regard. Était-ce la grippe intestinale qui recommençait à faire des siennes ? Après avoir mis le dos de sa main sur le front de Colton, Sonja lui a dit en secouant la tête : « Ton front n'est pourtant pas chaud. »

« Je pense que je vais vomir », lui a répondu Colton.

« Je ne me sens pas vraiment bien non plus, maman », a déclaré Cassie.

Nous nous sommes dit qu'il devait s'agir de quelque chose qu'ils avaient mangé. Voyant les deux enfants en mauvais état, nous avons hâtivement mis fin à notre repas, nous avons pris congé des Wilson, puis nous sommes rentrés à l'hôtel, situé tout juste de l'autre côté du parking du restaurant. Aussitôt la porte de notre chambre d'hôtel ouverte, la prédiction de Colton s'est réalisée : sous l'assaut d'un haut-le-cœur, il a commencé à vomir sur la moquette pour terminer dans la toilette de la minuscule salle de bains, vers laquelle Sonja l'avait porté précipitamment.

Me tenant dans l'embrasure de la porte de salle de bains, j'ai regardé le petit corps de Colton se courber au-dessus de la toilette et se crisper. Cela ne ressemblait en rien à un empoisonnement alimentaire.

Ce doit être la fameuse grippe intestinale, me suis-je dit. Formidable !

C'est ainsi que la soirée a débuté et qu'elle s'est poursuivie : Colton vomissant précisément toutes les trente minutes. Entre les vomissements, Sonja s'assoyait dans un fauteuil rembourré avec Colton sur ses genoux, en gardant le seau à glace à proximité au cas où elle n'aurait pas le temps de se rendre à la salle de bains. Il y avait à peu près deux heures que le cycle se poursuivait lorsqu'une autre enfant s'est jointe à la partie. Tandis que Colton était dans la salle de bains à dégurgiter dans la toilette, Sonja agenouillée à ses côtés avec la main dans son dos pour le rassurer, Cassie y est entrée à la course et a vomi dans la baignoire.

« Todd ! m'a lancé Sonja. J'ai besoin d'un coup de main ! »

Formidable, me suis-je dit. Et voilà qu'ils l'ont attrapée tous les deux.

Mais était-ce réellement le cas ? Après avoir réussi à ramener les deux enfants dans la chambre à coucher, Sonja et moi avons réfléchi ensemble. Colton avait semblé se débarrasser de cette grippe intestinale la veille. Et toute la journée passée au Butterfly Pavilion, il avait semblé être dans un état normal et parfaitement heureux, mis à part le stress d'avoir à tenir Rosie pour obtenir le collant. Cassie avait tenu Rosie elle aussi… la tarentule géante pouvait-elle avoir déclenché des vomissements chez les deux enfants ?

Bien sûr que non, idiot, me suis-je dit en repoussant cette pensée.

« Les enfants ont-ils mangé la même chose au restaurant ? » ai-je demandé à Sonja, qui était maintenant allongée sur l'un des lits à deux places avec un bras autour de chacun de nos deux enfants au visage vert.

Elle a regardé le plafond en réfléchissant un moment. « Je crois qu'ils ont pris tous les deux de la pizza… mais nous en avons tous mangé. Ce doit être la fameuse grippe intestinale. Colton ne devait pas s'en être tout à fait remis encore, et il l'a refilée à Cassie avant notre arrivée ici. Le médecin a dit qu'elle était très contagieuse. »

De toute façon, ce qui devait nous servir de week-end de détente et de célébration de la fin de nos ennuis se terminait maintenant de manière abrupte. Et quelques minutes plus tard, j'ai entendu les mots magiques semblant confirmer mes pensées : « Maman, je crois que je vais vomir encore. »

Sonja a pris Colton dans ses bras en un éclair et s'est rendue de justesse à la toilette.

Lorsque la lueur rosée de l'aube a commencé à percer les rideaux le lendemain matin, Sonja était encore éveillée. Nous avions décidé qu'au moins un de nous deux se rendrait quand même à la Greeley Wesleyan Church pour obtenir des renseignements sur l'exercice du pastorat dans une grande Église que nous pourrions mettre en application à Imperial, si bien que je me suis efforcé de dormir à tout le moins quelques heures. Sonja a donc assumé les fonctions d'infirmière, qui incluaient un aller-retour presque toutes les heures à la salle de bains pour Colton. Quant à Cassie, elle n'avait vomi qu'une seule autre fois durant la nuit, mais peu importe quel était le virus en question, il semblait s'acharner contre le corps de notre petit garçon.

Nous avons libéré notre chambre d'hôtel tôt en matinée pour nous rendre en voiture à Greeley, au domicile de Phil et Betty Lou Harris, nos grands amis de la Wesleyan Church qui en étaient également les directeurs du district englobant tout le Colorado et le Nebraska. À l'origine, nos deux familles devaient assister ensemble au service de l'Église des Wilson ce matin-là. Avec deux enfants malades, maintenant, nous préférions cependant que Sonja reste chez les Harris. L'aimable Betty Lou a offert de rester elle aussi à la maison pour apporter son aide.

Lorsque je suis rentré de l'église tôt en après-midi, Sonja m'a mis au courant de la situation : Cassie se portait beaucoup mieux. Elle était même parvenue à prendre quelques bouchées sans les vomir. Colton continuait toutefois de vomir à intervalles réguliers sans parvenir à garder quoi que ce soit dans l'estomac.

Colton se trouvait dans le salon des Harris, blotti dans un coin de l'énorme canapé, sur un genre de piqué avec un seau à proximité en cas de besoin. Je me suis rendu à son chevet.

«Hé! mon grand, ce n'est toujours pas la grande forme, hein?»

Colton me l'a confirmé en secouant lentement la tête, des larmes montant à ses yeux bleus. J'avais beau être dans la trentaine, au cours des derniers mois, j'avais appris de première main ce que c'était que de se sentir malade et misérable au point de vouloir seulement pleurer. J'avais le cœur gros de voir mon fils en pareil état.

«Viens un peu ici», lui ai-je dit. Je l'ai mis sur mes genoux et j'ai regardé de près son petit visage rond. Ses yeux, au regard généralement pétillant et enjoué, étaient ternes et trahissaient la faiblesse.

Phil est venu nous retrouver et s'asseoir à côté de moi pour passer en revue les symptômes de Colton : douleurs abdominales, vomissements répétés, une fièvre s'étant résorbée. «Ce pourrait-il que ce soit une appendicite?»

J'y ai réfléchi un moment. Il y avait certainement des antécédents familiaux. Mon oncle avait subi une rupture de l'appendice, et j'avais fait une terrible appendicite à l'université à l'époque où Sonja et moi nous fréquentions. De plus, Sonja avait dû se faire enlever l'appendice lorsqu'elle était en deuxième année du primaire. La situation ne semblait cependant pas correspondre cette fois-ci à ce problème. Le médecin d'Imperial avait diagnostiqué chez Colton une grippe intestinale. Et s'il s'agissait d'une appendicite, il n'y aurait aucune raison pour que Cassie en soit malade elle aussi.

Nous avons passé la soirée du dimanche chez les Harris, à Greeley. Le matin venu, Cassie s'était entièrement remise, mais Colton avait passé une seconde nuit à vomir.

Tandis que nous remplissions nos sacs marins et que nous sortions de la maison pour charger l'Expedition, Phil a regardé Colton, blotti dans les bras de Sonja. « Il m'a l'air vraiment malade, Todd. Peut-être que vous devriez le conduire à l'hôpital d'ici. »

Sonja et moi avions discuté de cette option. Il nous était arrivé par le passé d'attendre à l'urgence avec un enfant malade qu'un médecin le voie, et nous avions pu constater qu'il y avait des chances pour que nous fassions le trajet de trois heures de retour à Imperial avant d'obtenir une consultation à l'urgence d'un hôpital de la région métropolitaine de Denver. Nous avons donc décidé à la place de téléphoner à Imperial pour prendre un rendez-vous chez notre médecin de famille, celui que Colton avait vu le vendredi précédent. J'ai expliqué mon raisonnement à Phil. Il m'a dit comprendre, mais je voyais bien qu'il s'inquiétait malgré tout. Et après avoir été en route depuis environ une heure, j'ai commencé à me dire qu'il avait peut-être eu raison.

Pour Sonja, le premier signal d'alarme a retenti en elle lorsque nous sommes arrêtés dans un magasin juste en dehors de Greeley pour acheter des Pull-Ups. Colton, qui était propre depuis plus de deux ans, avait uriné dans sa culotte. Elle s'est inquiétée de ce qu'il ne proteste même pas lorsqu'elle l'a installé sur la banquette arrière pour l'aider à mettre une Pull-Ups. Normalement, il s'en serait indigné en disant : « Je ne suis pas un *bébé* ! » Et voilà qu'il ne disait absolument rien.

Au lieu de cela, une fois sa ceinture bouclée, il s'est contenté de se tenir le ventre en gémissant. Deux heures après le départ, il pleurait sans cesse, ne s'arrêtant qu'aux demi-heures pour vomir de nouveau. Dans le rétroviseur, je lisais le déchirement et le désespoir sur le visage de Sonja. Entre-temps, j'essayais de me concentrer sur l'objectif : le conduire jusqu'à Imperial, le faire brancher sur le soluté, faire cesser la déshydratation qui ne manquait sûrement pas de sévir tandis que la grippe suivait son cours.

Nous sommes arrivés à Imperial en un peu moins de trois heures. À l'hôpital, une infirmière nous a conduits assez rapidement à une salle d'examen. Sonja transportait Colton, en lui tenant la tête contre son épaule comme elle l'avait fait lorsqu'il était bébé. En quelques minutes, le médecin qui avait vu Colton le vendredi s'est joint à nous, et nous l'avons informé des derniers événements. Au terme d'un court examen, il a commandé des analyses sanguines et des radiographies, et je crois m'être alors remis à respirer pour la première fois depuis que nous avions quitté Greeley. Nous faisions enfin des progrès. À tout le moins, nous faisions quelque chose. Sous peu, nous obtiendrions un diagnostic, probablement une ordonnance ou deux, et Colton emprunterait le chemin de la guérison.

Nous avons emmené Colton au laboratoire, où il s'est mis à crier tandis que la technicienne faisait de son mieux pour trouver une veine. Puis il y a eu les radiographies, qui se sont mieux passées uniquement parce que nous avions convaincu Colton qu'elles n'impliqueraient aucune aiguille. En moins d'une heure, nous retournions dans la salle d'examen avec le médecin.

« Peut-il s'agir d'une appendicite ? » Sonja a-t-elle demandé au médecin.

En secouant la tête, il lui a répondu : « Non. La leucocytémie de Colton ne correspond pas à une appendicite. Par contre, ses radiographies nous inquiètent. »

J'ai regardé Sonja. C'est alors que nous avons réalisé que nous avions toujours cru qu'il s'agissait d'un virus terrible. Nous n'étions absolument pas prêts à recevoir un diagnostic plus grave. Le médecin nous a conduits dans le corridor, où se trouvait déjà une radiographie attachée à un négatoscope. À la vue de ce qui se trouvait sur l'image, mon cœur s'est mis à battre la chamade : la radiographie du torse de notre petit garçon montrait trois masses sombres. On aurait dit que ses organes avaient explosé.

Sonja s'est mise à secouer la tête et ses larmes, endiguées jusqu'à présent tout juste sous ses paupières, se sont déversées sur ses joues.

« Êtes-vous sûr qu'il ne s'agit pas d'une appendicite ? ai-je demandé au médecin. Il y a des antécédents familiaux. »

Il a répété que non. « Ce n'est pas ce que les analyses sanguines nous révèlent. »

« Qu'est-ce que c'est, alors ? »

« Je n'en suis pas certain », a-t-il répondu.

CHAPITRE CINQ

L'OMBRE DE LA MORT

Nous étions le lundi 3 mars. Des infirmières ont mis Colton dans une chambre et lui ont installé une intraveineuse. Deux sacs pendaient au haut d'une potence en acier inoxydable, l'un servant à l'hydratation et l'autre contenant des antibiotiques. Sonja et moi avons prié ensemble pour Colton. Norma est passée par l'hôpital nous apporter le jouet préféré de Colton, sa figurine Spider-Man. Normalement, son regard se serait illuminé à la vue de Norma *ou* de Spider-Man, mais il n'a pas réagi le moins du monde. Par la suite, notre amie Terri nous a amené le meilleur ami de Colton, son fils Hunter, lui rendre visite. De nouveau, Colton n'a pas réagi, restant allongé là presque sans vie.

Assise sur une chaise placée près du lit de Colton, Norma a regardé Sonja d'un air sombre. « Je crois que vous devriez le conduire à l'hôpital pour enfants de Denver. »

Cependant, nous faisions alors encore confiance aux médecins, nous disant que tout ce qui pouvait être fait l'était. Par ailleurs, Colton n'était pas en état de faire tout le voyage de retour au Colorado.

Notre fils continuait de vomir. Sonja assurait la permanence, s'employant à le réconforter et à recueillir ses vomissures, tandis que je me rendais à la maison pour régler ce qui concernait le reste de notre vie. En route, je suis passé par l'église pour m'assurer qu'elle n'était pas réduite en cendres. Je me suis assuré que tout allait bien auprès de mon personnel d'entreprise de portes de garage, j'ai répondu aux messages de nouveaux clients et je suis ressorti réparer une porte. Tout le temps que j'ai passé hors de l'hôpital, je n'ai cessé de faire monter des prières. Même pendant que je conversais avec des gens, mes prières montaient, un genre de musique de fond qui serait venue à l'avant-scène – la seule scène qui tienne – si la vie n'avait pas la fâcheuse manie de s'imposer.

Sonja a passé la journée du lundi à l'hôpital, et je suis resté à la maison avec Cassie. Le mardi matin, je l'ai conduite à l'école. Durant le reste de la journée, entre les responsabilités de l'Église et celles de notre entreprise, je suis passé par l'hôpital aussi souvent que possible, dans l'espoir de constater une amélioration de l'état de Colton. Chaque fois que j'entrais dans sa chambre, je voyais cependant mon petit garçon s'enfoncer toujours plus profondément dans la poigne du mystérieux monstre qui s'était emparé de lui. Non seulement son état ne s'améliorait pas, mais encore il se détériorait *de plus en plus rapidement*.

Le deuxième après-midi, j'ai vu quelque chose qui m'a terrifié : l'ombre de la mort.

Je l'ai reconnue sur-le-champ. Dans le cadre de nos fonctions de pasteur, il arrive que nous nous retrouvions devant la mort. Dans un hôpital. Dans une maison de retraite. Dans un foyer pour personnes âgées. On la reconnaît à des signes révélateurs : la peau perd sa couleur rosée et tourne au jaunâtre. La respiration se fait difficilement. Les yeux sont ouverts, mais la personne n'est pas présente d'esprit. Et le plus révélateur de tout, les yeux enfoncés cerclés de cernes bleuâtres. Cela, je l'avais vu maintes fois, mais dans un contexte où l'on pouvait s'y attendre, chez un patient en phase terminale du cancer ou en vieillesse extrême. On sait alors que les jours, les heures, puis les minutes de cette personne ici-bas sont comptés. En ce cas, j'étais là pour réconforter la famille, pour prier avec elle des prières du genre : *Mon Dieu, je te prie de la rappeler rapidement à toi. Veuille la soulager de sa souffrance.*

Je voyais maintenant l'ombre de la mort de nouveau, mais cette fois-ci chez mon fils. Mon fils n'ayant pas même encore quatre ans. Cette découverte m'a frappé comme une balle de révolver. Une voix m'a crié dans la tête : *On ne fout rien !* Étant de ceux qui ne restent jamais en place, j'ai presque usé le plancher de la chambre de Colton à force d'y tourner en rond comme un lion en cage. J'en avais des crampes à l'estomac. Dans ma poitrine, un étau invisible me serrait le cœur. *Son état empire, mon Dieu ! Que devons-nous faire ?*

Tandis que j'arpentais la pièce, Sonja canalisait son énergie dans le rôle d'une aidante fort occupée. Elle faisait bouffer l'oreiller de Colton, elle remettait ses couvertures en ordre, elle veillait à ce qu'il continue de boire. Ce rôle, elle l'assumait afin de s'empêcher d'exploser. Chaque fois que je la regardais, je voyais l'agitation grandir dans ses yeux. Nous étions en train de perdre notre fils et, comme moi, elle voulait savoir : Que lui arrivait-il donc ? Les médecins nous rapportaient des résultats d'examens, puis d'autres résultats et encore des résultats. Aucune réponse, cependant. Que des observations ne rimant à rien. « Il ne semble pas répondre à la médication. Je ne sais pas... J'aimerais que le chirurgien soit là. »

Sonja et moi avions de gros doutes. Nous n'étions pas médecins. Nous n'avions aucune expérience en matière médicale. Je suis pasteur ; elle est enseignante. Nous voulions faire confiance. Nous voulions croire que les professionnels de la santé faisaient tout ce qu'ils pouvaient. Nous nous répétions sans cesse : *La prochaine fois que le médecin entrera dans la chambre, il aura reçu de nouveaux résultats d'examen ; il changera alors la médication ; il fera quelque chose pour chasser cette apparence de mort du visage de notre fils.*

Mais ce n'était pas le cas. Et le moment est venu de prendre une décision.

CHAPITRE SIX

NORTH PLATTE

Le mercredi, nous avons annoncé au personnel hospitalier d'Imperial que nous emmenions Colton au Great Plains Regional Medical Center à North Platte. Nous avons réfléchi à la suggestion de Norma d'aller à l'hôpital pour enfants de Denver, mais nous nous sommes dit qu'il valait mieux que nous restions plus près de notre base de soutien. Il a fallu du temps pour régler la sortie de Colton de l'hôpital, comme c'est le cas pour tout le monde dont l'hospitalisation a pris fin, mais pour nous cette démarche semblait prendre une éternité. Une infirmière a fini par venir dans la chambre nous remettre les papiers de décharge, une copie des résultats d'examens de Colton et une grande enveloppe brune et plate contenant ses radiographies. Sonja a téléphoné au cabinet du pédiatre Dell Shepherd pour annoncer notre arrivée à son personnel.

À 10 h 30, j'ai cueilli Colton dans son lit d'hôpital et j'ai été choqué de constater la mollesse de son corps. J'avais l'impression de tenir un chiffon dans mes bras. L'heure aurait été tout indiquée pour céder à la panique, mais je me suis efforcé de garder mon sang-froid. Au moins, nous faisions maintenant quelque chose. Nous passions à l'action.

Le siège de voiture de Colton était sécurisé sur la banquette arrière de notre SUV. J'y ai doucement déposé mon fils, en me demandant tout en bouclant sa ceinture en combien de temps je pourrais faire le trajet en général de quatre-vingt-dix minutes jusqu'à North Platte. Sonja s'est installée sur la banquette arrière à son tour avec Colton, armée d'un bol de plastique rose de l'hôpital pour recueillir les vomissures.

La journée était ensoleillée, mais froide. En prenant l'autoroute 61, j'ai tourné le rétroviseur de manière à y voir Colton. Nous avons parcouru plusieurs kilomètres en silence ; puis je l'ai entendu vomir dans le bol. Une fois qu'il a eu terminé, j'ai rangé la voiture sur l'accotement pour permettre à Sonja de vider le bol au bord de la route. Ayant repris l'autoroute, j'ai jeté un coup d'œil dans le rétroviseur et j'ai vu Sonja sortir une radiographie de l'enveloppe brune et la tenir levée dans les rayons du soleil. Lentement, elle s'est mise à secouer la tête et des larmes lui ont monté aux yeux.

« Nous avons tout gâché », a-t-elle dit d'une voix brisée à la vue des images qu'elle m'a dit plus tard s'être gravées pour toujours dans son esprit.

J'ai tourné la tête suffisamment pour voir les trois petites explosions qu'elle regardait fixement. Les taches difformes semblaient énormes sur l'image fantomatique du tout petit torse de Colton. Pourquoi semblaient-elles maintenant tellement plus grosses ?

« Tu as raison. On aurait dû savoir », ai-je dit.

« Mais le médecin… »

« Je sais. On n'aurait pas dû l'écouter. »

Nous ne montrions personne du doigt, et nous ne nous blâmions pas l'un l'autre. C'est juste que nous nous en voulions énormément à nous-mêmes. Nous avions cherché à faire la bonne chose à chaque étape. Le médecin avait parlé de radiographies ; nous en avions fait faire. Le médecin avait parlé d'intraveineuse ; nous en avions fait installer une. Le médecin avait parlé d'analyses sanguines ; nous en avions fait faire. C'était lui le médecin, après tout. Il savait ce qu'il faisait… non ? À chaque tournant, nous avions tenté d'agir pour le mieux, mais nous nous étions trompés, et Colton en payait maintenant le prix. Un petit enfant innocent subissait les conséquences de nos erreurs.

Derrière moi, Colton était affaissé presque sans vie dans son siège de voiture, et son silence retentissait plus fort que tout autre son que j'avais pu entendre.

Il y a dans la Bible l'histoire du roi David d'Israël. David a commis l'adultère avec Bath-Schéba, la femme d'Urie, l'un des fidèles soldats de David. Et puis, cherchant à couvrir son péché, David a envoyé Urie au front, où il savait que ce dernier serait tué. Plus tard, le prophète Nathan est venu dire à David, en gros : «Écoute, Dieu sait ce que tu as fait, et voici les conséquences de ton péché : l'enfant que Bath-Schéba et toi avez conçu ne vivra pas[1].»

David a déchiré ses vêtements, a fondu en larmes, a prié et a plaidé sa cause devant Dieu. Il avait tellement la mort dans l'âme que, lorsque son bébé est mort, ses serviteurs redoutaient de venir l'en informer. David s'en est toutefois rendu compte et, l'ayant découvert, il s'est levé, s'est lavé, a mangé et s'est calmement occupé des funérailles. Sa conduite a jeté la confusion parmi ses serviteurs, qui lui ont dit : «Un instant! Ce n'est pas toi qui te morfondais il y a quelques minutes à peine? Ne suppliais-tu pas Dieu et ne pleurais-tu pas devant lui? Et te voilà maintenant tellement calme... que se passe-t-il donc?»

David leur a expliqué : «J'espérais que Dieu changerait d'avis, mais il ne l'a pas fait[2].»

David se disait qu'il avait fait ce qu'il pouvait tandis qu'il en avait encore la possibilité.

En repensant au trajet vers North Platte, je constate que c'est ce que je ressentais. Oui, les radiographies ne laissaient rien augurer de bon et la mort se lisait sur le visage de mon fils.

Mais il n'était toujours pas mort.

Ce n'était pas le temps de baisser les bras et de mener deuil sur lui. C'était le temps de prier et d'agir : *Mon Dieu, fais en sorte que nous nous rendions à l'hôpital. Permets-nous de venir en aide à notre fils.*

En tant que père, j'avais l'impression d'avoir vraiment gaffé, mais peut-être y avait-il encore quelque chose que je pouvais faire pour me racheter. Je devais probablement de ne pas m'effondrer uniquement à cet espoir.

Nous avons abordé North Platte vers midi et nous nous sommes dirigés tout droit vers le cabinet du pédiatre. À notre arrivée, je suis sorti à la hâte du SUV et j'ai enveloppé Colton dans une couverture, puis je l'ai transporté dans mes bras comme un pompier l'aurait fait. Sonja a ramassé nos effets personnels et est entrée dans l'immeuble à ma suite, transportant encore le bol de l'hôpital. À la réception, une femme agréable nous a accueillis.

« Nous sommes les Burpo, l'ai-je informée. Nous avons téléphoné tout à l'heure d'Imperial au sujet de notre fils. »

« Le médecin est sorti manger. »

Sorti manger?

« Mais nous avons pris la peine de téléphoner avant de venir, ai-je dit. Il savait que nous allions arriver. »

« Veuillez vous asseoir, le médecin sera de retour dans dix ou quinze minutes », nous a répondu la réceptionniste

Sa façon de se comporter m'indiquait qu'elle ne saisissait pas l'urgence de la situation, et à l'intérieur de moi, une bombe de colère a explosé. Extérieurement, par contre, j'ai gardé mon calme. J'aurais pu crier et hurler, mais cela n'aurait rien changé à la situation. Sans compter que je suis pasteur. Nous ne pouvons nous offrir le luxe de perdre notre sang-froid en public.

Sonja et moi avons trouvé des sièges dans la salle d'attente, et quinze minutes plus tard, le médecin est arrivé. Il avait l'air apaisant que donne la maturité : cheveux gris, lunettes et moustache bien taillée. Le personnel infirmier nous a fait entrer dans une salle d'examen, et Sonja a remis au médecin le paquet des tests que nous lui avions apporté, ainsi que les radiographies. Il a ausculté Colton de manière si brève que l'idée m'est venue à l'esprit qu'il rattrapait peut-être le temps perdu.

« Je vais commander un scanner, a-t-il dit. Vous allez devoir traverser la rue pour vous rendre à l'hôpital. »

Il voulait dire le Great Plains Regional Medical Center. Dix minutes plus tard, nous nous sommes retrouvés dans la clinique

d'imagerie, où nous avons eu la dispute peut-être la plus importante de notre vie.

CHAPITRE SEPT

«JE CROIS QUE C'EST LA FIN»

«Nooon!»

«Mais, Colton, il *faut* que tu le boives!»

«Nooon! Yeeerk!»

Les cris de protestation de Colton s'entendaient dans toute la clinique. Il était épuisé et très fragilisé, sans compter qu'il en avait assez de vomir sans arrêt, et voilà que nous tentions de le forcer à boire un liquide cerise à la texture épaisse et grumeleuse que tout adulte sain d'esprit refuserait catégoriquement de boire de son plein gré. De guerre lasse, Colton a fini par en prendre une petite gorgée, qu'il a immédiatement vomie. Sonja a tout de suite tendu le bol pour recueillir les vomissures.

«Il passe son temps à vomir, ai-je dit au technicien. Comment va-t-il arriver à boire ça?»

«Je suis désolé, Monsieur… mais il faut qu'il le boive pour que nous obtenions les meilleures images possible.»

«*Nooon! Papa, je veux pas boire ça!*»

Nous avons tout essayé. Nous nous sommes prêtés au jeu du bon gars et du mauvais gars: Sonja amadouait tandis que je menaçais. Cependant, plus j'étais ferme, plus Colton serrait les mâchoires et refusait le liquide visqueux.

J'ai essayé de le raisonner: «Colton, si seulement tu avalais ça, les médecins pourraient faire leur test et t'aider à aller mieux. Tu ne veux pas aller mieux?»

De petits reniflements. «Ouais.»

«Vas-y alors, prends une gorgée.»

«*Nooon! Je veux paaas!*»

Nous désespérions. S'il ne buvait pas le liquide, on ne pourrait pas faire le scanner. Sans scanner, on ne pourrait pas établir de diagnostic. Sans diagnostic, on ne pourrait pas traiter notre fils. La bataille s'est poursuivie pendant près d'une heure jusqu'à ce qu'un technicien finisse par sortir et avoir pitié de nous. «Allons-y, entrons-le. On va tout simplement faire du mieux qu'on peut.»

À l'intérieur de la salle d'imagerie, Sonja s'est tenue avec le technicien derrière l'écran de protection radiologique tandis que je me tenais à côté d'un Colton sans énergie allongé sur la table mobile qui glissait à l'intérieur d'un grand tube apeurant. Se montrant tendre et compatissant, le technicien a arrêté la table avant qu'elle glisse Colton entièrement dans la machine, lui permettant de garder la tête en dehors pour qu'il puisse me voir. La machine a pris vie, et Colton m'a fixé d'un regard où se lisait la douleur.

En un éclair, le test a pris fin. Le technicien a examiné les images, puis il nous a escortés hors du laboratoire. Il ne nous a pas reconduits dans la salle d'attente principale, mais dans un corridor isolé où l'on avait disposé quelques chaises le long du mur.

Le technicien m'a regardé d'un air sombre. «Vous devez attendre ici», a-t-il annoncé. À ce moment-là, je n'avais même pas remarqué qu'il n'avait pas demandé à Colton de s'habiller.

Nous nous sommes assis tous les trois dans le corridor froid et étroit. Sonja tenait Colton, qui avait la tête contre son épaule. Elle pleurait maintenant presque tout le temps. Je pouvais voir qu'elle n'avait plus d'espoir dans son regard. Ce n'était pas un endroit où les gens attendaient normalement. Le technicien nous avait mis à l'écart. Il avait vu l'image et il savait qu'il s'agissait de quelque chose de grave.

Sonja a baissé les yeux sur Colton, qu'elle tenait dans ses bras, et j'imaginais volontiers toutes les pensées qui se bousculaient dans sa tête. Elle et Colton faisaient *tout* ensemble. C'était son petit garçon, son copain. Plus encore, cette petite boule de feu aux cheveux blonds et aux yeux bleus était une bénédiction du ciel, un don de guérison après le bébé que nous avions perdu.

Cinq ans plus tôt, Sonja était tombée enceinte de notre deuxième enfant. Nous en étions fous de joie, car ce nouvel enfant viendrait compléter notre famille. Lorsque nous étions seuls tous les deux, nous formions un couple. Lorsque Cassie est née, nous sommes devenus une famille. Avec un deuxième enfant en route, nous pouvions commencer à voir l'avenir se préciser : des photos de famille, une maison remplie des bruits joyeux de l'enfance, deux enfants empressés de déballer leurs cadeaux le matin de Noël. Puis, après deux mois de grossesse, Sonja a perdu le bébé et nos rêves naissants ont crevé comme des bulles de savon. Le deuil consumait Sonja. La réalité de la perte d'un enfant, que nous ne connaîtrions jamais. Un espace vide où il n'y en avait pas auparavant.

Il nous tardait d'essayer de nouveau, mais nous craignions de ne plus avoir d'enfant, ce qui empirait notre misère. Quelques mois plus tard, Sonja est tombée de nouveau enceinte. Ses premières vérifications prénatales ont démontré que notre bébé était en bonne santé et se développait bien. Nous restions néanmoins un peu ambivalents, ayant légèrement peur de nous attacher profondément à ce nouvel enfant comme cela avait été le cas de celui que nous avions perdu. Cependant, quarante semaines plus tard, le 19 mai 1999, Colton Todd Burpo est arrivé et nous a complètement conquis. Pour Sonja, ce petit garçon était un don encore plus particulier, car il provenait directement de la main d'un Père céleste aimant.

Maintenant que je regardais le visage de Sonja au-dessus du petit corps étiolé de Colton, je voyais de terribles questions se former dans son esprit : *Qu'est-ce que tu es en train de faire, mon Dieu ? Vas-tu nous enlever cet enfant-là aussi ?*

Colton avait les traits tirés et le teint pâle, et son visage ressemblait à une minuscule lune dans le hall austère. Les ombres entourant ses yeux étaient devenues des cernes violacés et sombres. Il ne criait plus, il ne pleurait même plus. Il était simplement... immobile.

Encore une fois, il me rappelait les patients au seuil de la mort que j'avais vus franchir la frontière entre la terre et l'éternité.

Des larmes m'ont rempli les yeux, brouillant l'image de mon fils comme la pluie sur un carreau. Sonja a alors levé vers moi des yeux d'où coulait un torrent de larmes. «Je crois que c'est la fin», a-t-elle dit.

CHAPITRE HUIT

EN COLÈRE CONTRE DIEU

Cinq minutes plus tard, un homme portant une blouse blanche est sorti du laboratoire d'imagerie. J'oublie son nom, mais je me rappelle avoir lu sur son insigne nominatif qu'il était radiologiste. « Votre fils souffre d'une appendicite perforante, a-t-il annoncé. Nous devons l'opérer d'urgence. Ils sont déjà prêts à vous recevoir dans la salle préopératoire. Suivez-moi. »

Stupéfaits, Sonja et moi l'avons suivi. J'avais les tempes en feu. *Un éclatement de l'appendice ?* Le médecin d'Imperial n'avait-il pas éliminé cette possibilité ?

Dans la salle préopératoire, Sonja a allongé Colton sur un lit à roulettes, lui a déposé un baiser sur le front et s'est écartée tandis qu'une infirmière approchait munie d'un sac pour perfusion intraveineuse et d'une seringue. Colton s'est immédiatement mis à hurler et à se débattre violemment. Je me suis tenu à la tête de mon fils et je lui ai retenu les épaules au lit, en essayant de le calmer par ma voix. Sonja est revenue aux côtés de Colton, pleurant librement en tentant du mieux qu'elle le pouvait de lui bloquer le bras et la jambe gauches à l'aide de son corps.

Lorsque j'ai levé les yeux, la salle préopératoire était bondée d'hommes et de femmes portant une blouse blanche sur une tenue chirurgicale. « Le chirurgien est là », nous a dit l'un d'eux, d'une voix douce. « Si vous voulez bien passer dans la pièce voisine pour vous entretenir avec lui, nous prendrons la relève ici même. »

C'est à contrecœur que nous avons franchi le rideau, tandis que Colton hurlait : « *Papa, nooon! Pars pas!* » Dans le corridor, le docteur Timothy O'Holleran nous attendait. C'était ce chirurgien qui avait effectué ma lumpectomie quatre mois plus tôt. Cette fois-ci, ses traits sombres et tirés ne laissaient rien présager de bon.

Il est allé droit au but. « L'appendice de Colton s'est rompu. Il est en mauvais état. Il faut y aller et tenter de faire le ménage. » De l'autre côté du rideau, Colton hurlait encore : « *Papa! Paaapaaa!* »

Serrant la mâchoire, j'ai fait abstraction de ses cris dans un effort pour me concentrer sur le médecin.

« On s'est informés de la possibilité qu'il s'agisse d'un éclatement de l'appendice à Imperial, a déclaré Sonja. Ils ont éliminé cette possibilité. »

Refusant de s'arrêter au passé, mon cerveau s'est directement tourné vers l'avenir, optant pour l'espoir. « Comment croyez-vous qu'il va s'en sortir ? » ai-je demandé.

« Il faut y aller et le nettoyer. On en saura plus quand on l'aura ouvert. »

L'espacement de ses mots faisait retentir une alarme dans mes oreilles tandis que les cris de Colton résonnaient dans les corridors. En réponse à une question directe, le médecin ne nous donnait justement *aucune* garantie. En fait, la seule chose qu'il avait dite au sujet de Colton, c'était qu'il était en mauvais état. Mon esprit a fait un retour en arrière jusqu'à l'instant où Sonja m'avait téléphoné à Greeley depuis Imperial pour me faire savoir que la fièvre de Colton était tombée et qu'ils se mettaient en route. Ce qui avait semblé être la fin d'une grippe intestinale avait probablement plutôt marqué le début d'une rupture d'appendice. Autrement dit, il y avait *cinq jours* qu'un poison se répandait dans tout l'abdomen de notre petit garçon. Voilà qui expliquait l'ombre de la mort que nous voyions maintenant sur son visage, ainsi que la raison pour laquelle le docteur O'Holleran ne nous avait offert aucun espoir.

Le médecin nous a fait un signe de la tête en direction des bruits provenant de la salle préopératoire. «Je crois que les choses se passeront mieux si nous le ramenons au bloc opératoire pour lui administrer un sédatif, avant de lui installer l'intraveineuse.» Il s'est rendu au rideau et je l'ai entendu en donner l'ordre.

Quelques instants plus tard, deux infirmières ont fait franchir le rideau au lit à roulettes, et j'y ai vu Colton se tordre de douleur. Contorsionnant son petit corps, il a tourné la tête jusqu'à ce que ses yeux enfoncés tombent sur moi. «*Papa! Laisse-les pas me preeendre!*»

Vous rappelez-vous que je vous ai dit que les pasteurs ne peuvent pas se permettre le luxe de perdre leur sang-froid? Comme c'était toutefois sur le point de m'arriver, il a fallu que je m'éloigne.

Après m'être entretenu avec le médecin et avoir gribouillé mon nom sur ce qui m'a semblé être des centaines de formulaires d'assurance, je suis parti comme une balle, j'ai trouvé une petite pièce ayant une porte et je m'y suis réfugié en claquant la porte derrière moi. J'avais le cœur qui battait la chamade. Je n'arrivais plus à reprendre mon souffle. Des vagues de désespoir, de colère et de frustration ont déferlé sur moi, semblant me priver d'air.

Quand rien ne va plus, tout le monde se tourne vers papa, surtout si papa est pasteur. Je me trouvais maintenant enfin dans une pièce où personne ne me voyait, alors j'ai laissé libre cours à ma colère contre Dieu.

«Mais *où* es-tu? C'est comme *ça* que tu traites tes pasteurs? Est-ce que ça vaut même la peine de te servir?»

Je ne cessais d'arpenter la pièce, qui semblait se refermer sur moi, rapetissant aussi sûrement que les options de Colton se réduisaient. La même image mentale m'assaillait inlassablement: Colton étant transporté sur un lit à roulettes, les bras tendus et m'implorant à cor et à cri de le sauver.

C'est alors que la réalité m'a frappé: *Nous avons trop attendu. Il se peut que je ne revoie jamais mon fils en vie.*

Des larmes de rage me sont montées aux yeux, et ont ruisselé sur mes joues. «Après la jambe, les calculs rénaux, la lumpectomie, c'est *ça* l'idée que tu as eue pour célébrer la fin de ma période d'épreuves ? ai-je crié à Dieu. Tu vas me prendre mon fils ? »

CHAPITRE NEUF

DES MINUTES S'ÉGRENANT À PAS DE TORTUE

Quinze minutes plus tard, peut-être plus, je suis sorti de cette pièce les yeux secs. C'était la première fois que je m'étais vraiment retrouvé seul depuis le début de toute cette aventure catastrophique. J'avais voulu me montrer fort pour Sonja, un mari solide pour sa femme. Je l'ai trouvée dans la salle d'attente, en train d'utiliser ce qui restait de sa pile de téléphone cellulaire pour téléphoner à des amis et à la famille. Je l'ai serrée dans mes bras et je l'ai tenue contre moi tandis que ses larmes coulaient dans ma chemise jusqu'à la faire coller à ma poitrine. J'ai utilisé le peu de courant qui restait dans mon téléphone cellulaire pour téléphoner à Terri, ma secrétaire, qui allait à son tour activer la chaîne de prières de l'Église. Ce n'était pas un appel rituel. Je désespérais que l'on prie pour nous, que d'autres croyants frappent de toutes leurs forces aux portes du ciel afin de supplier Dieu d'épargner la vie de notre fils.

Les pasteurs sont censés être des piliers de foi inébranlables, n'est-ce pas ? À ce moment-là, ma foi ne tenait cependant plus qu'à un fil, qui s'usait rapidement. Je repensais aux passages où la Bible dit que Dieu répond aux prières, non pas de celui qui est malade ou mourant, mais des *amis* du malade ou du mourant – le paralysé, par exemple. C'est devant la foi des amis du paralysé qu'il a dit à ce dernier : « Lève-toi, prends ta civière et rentre chez toi[1] ! » À ce moment-là, j'avais besoin d'emprunter la force et la foi à quelques autres croyants. Après m'être entretenu avec Terri, Sonja et moi nous sommes assis ensemble et avons prié, craignant d'espérer et craignant de ne plus espérer.

Le temps s'éternisait, et les minutes s'égrenaient à pas de tortue. Entre nos conversations à voix basse et nos courts échanges, il régnait un silence lourd de sens dans la salle d'attente.

Quatre-vingt-dix minutes plus tard, une infirmière portant une tenue chirurgicale pourpre est entrée dans la salle d'attente avec un masque chirurgical pendant à son cou. « Le père de Colton est-il ici ? »

Le ton de sa voix et le fait que c'était une infirmière et non le docteur O'Holleran m'ont redonné un certain espoir. *Peut-être que Dieu use de grâce malgré notre stupidité. Peut-être va-t-il nous accorder un jour de plus, une autre chance.*

Je me suis levé. « Je suis le papa de Colton. »

« Monsieur Burpo, pourriez-vous revenir ? Colton est sorti du bloc opératoire, mais nous ne parvenons pas à le calmer. Il crie encore, et il vous réclame. »

Lorsqu'ils emportaient Colton sur le lit à roulettes, je ne pouvais plus l'entendre hurler. Maintenant, tout à coup, je voulais l'entendre hurler plus que j'avais voulu entendre quoi que ce soit de toute ma vie. Ses cris seraient merveilleusement doux à mes oreilles.

Sonja et moi avons rassemblé nos choses et avons suivi l'infirmière en franchissant de nouveau les larges portes doubles conduisant au bloc opératoire. Nous ne nous sommes pas rendus jusqu'à la salle de réveil, car nous avons croisé deux infirmières en train de transporter Colton sur un lit à roulettes dans le corridor. Il était alerte, et je pouvais voir qu'il me cherchait depuis un moment. J'ai eu pour première réaction de tenter de m'approcher le plus possible de lui ; je crois que je serais monté sur le lit à roulettes avec lui si je ne m'étais pas dit que cela aurait déplu aux infirmières.

Les infirmières se sont arrêtées assez longtemps pour que Sonja et moi plantions chacun un baiser sur le petit visage de Colton, qui était encore pâle et aux traits tirés. « Hé ! mon grand, comment vas-tu ? » ai-je demandé.

« Salut, maman. Salut, papa. » L'ombre d'un sourire est venue réchauffer son visage.

Les infirmières ont remis le lit à roulettes en route, et après quelques minutes et un déplacement en ascenseur, Colton était installé dans une chambre d'hôpital étroite au bout d'un long corridor. Sonja est sortie de la chambre un instant pour s'occuper de formulaires au poste des infirmières, et je suis resté derrière, assis à côté du lit de Colton dans un fauteuil berçant pivotant recouvert à la surface maillée, ravi de voir mon fils toujours vivant.

Un petit enfant a l'air encore plus petit dans un lit d'hôpital fabriqué à l'intention de grandes personnes. Pesant moins de dix-huit kilogrammes, le corps de Colton soulevait à peine le drap. Il n'occupait pas même le tiers de la longueur du lit. De sombres cernes entouraient encore ses yeux, mais il me semblait que le bleu de ses yeux était plus éclatant que deux heures auparavant.

« Papa ? » Colton m'a regardé avec intensité.

« Quoi ? »

Il ne me quittait plus du regard.

« Papa, tu sais, je suis presque mort. »

La peur m'a empoigné. *Où a-t-il entendu ça ?*

Avait-il surpris une conversation entre le personnel médical ? Avait-il entendu les propos de l'équipe chirurgicale, en dépit de l'anesthésie ? En tout cas, nous n'avions certainement jamais dit devant lui la moindre chose concernant la possibilité qu'il meure. Sonja et moi l'avions redouté, nous l'avions *su* après avoir appris que son appendice laissait couler du poison dans son système depuis cinq jours. Nous avions toutefois pris grand soin de ne jamais souffler mot devant Colton de tout ce qui risquait de l'affoler.

Ma gorge s'est serrée, le premier signe avant-coureur de mes larmes. Certaines personnes paniquent lorsque leur adolescent veut discuter de sexe. Si vous croyez la chose pénible, essayez de parler de la mort à votre enfant d'âge préscolaire. Colton m'avait accompagné dans des maisons de santé, des lieux où les gens accordaient à leurs êtres chers la permission de renoncer à la vie. Il n'était aucunement question pour moi de le permettre à mon fils. Nous n'étions pas encore sortis de l'auberge, et je ne voulais pas qu'il pense que la mort était une option pour lui.

J'ai fait un effort suprême pour que ma voix reste stable et pour sourire à mon fils. « Pense seulement à prendre du mieux, OK, mon grand ? »

« OK, papa. »

« On est là avec toi jusqu'au bout. On prie pour toi. » J'ai changé de sujet. « Dis-moi, qu'est-ce qu'on peut t'apporter ? Veux-tu avoir tes figurines super héros ? »

Il n'y avait pas longtemps que nous étions dans la chambre lorsque trois membres du conseil de notre Église sont arrivés à l'hôpital. Nous leur en avons été tellement reconnaissants. Il m'arrive parfois de me demander ce que les gens font lorsqu'ils n'ont ni famille élargie ni Église. En période de crise, d'où obtiennent-ils leur soutien ? Cassie est restée avec Norma et Bryan à Imperial jusqu'à ce que ma mère, Kay, ait la possibilité de venir en voiture depuis Ulysses, au Kansas. La famille élargie de Bryan vit à North Platte, et elle est venue nous apporter son aide elle aussi. De voir notre Église nous entourer ainsi en plein cœur de la tempête allait changer la façon dont Sonja et moi aborderions les visites pastorales en période de crise et de deuil. Nous nous y étions employés avec fidélité par le passé, mais nous en sommes devenus des militants ce jour-là.

Sonja n'a pas tardé à revenir dans la chambre et, peu après, le docteur O'Holleran s'est joint à nous. Colton est resté allongé sans bouger tandis que le chirurgien retirait le drap pour nous montrer l'endroit où il avait pratiqué l'incision, une ligne horizontale du côté droit de son petit ventre. La plaie était couverte de tampons ensanglantés, et tandis que le chirurgien a commencé à la retirer parce que l'on y a pratiqué un tamponnement, Colton a gémi un peu par peur. Je ne crois pas qu'il ait pu ressentir quoi que ce soit, étant donné qu'il était encore sous l'effet de l'anesthésie locale que l'équipe chirurgicale avait pratiquée.

L'intérieur du corps de Colton avait été empoisonné par la rupture de son appendice au point que le docteur O'Holleran avait décidé qu'il valait mieux laisser son incision ouverte pour que la plaie puisse continuer d'évacuer le poison.

Le médecin a légèrement élargi la plaie.

« Vous voyez ce tissu gris ? a-t-il dit. C'est ce qui arrive aux organes internes lorsqu'ils sont infectés. Colton ne pourra pas quitter l'hôpital avant que tout ce gris ne soit devenu rose. »

Un bout de tube en plastique sortait de chaque côté de l'abdomen de Colton. À l'extrémité de chaque tube se trouvait ce que le médecin appelait une « grenade ». D'un plastique transparent, elles ressemblaient effectivement un peu à des grenades, mais c'étaient en réalité des poires de drain à pression négative. Le lendemain matin, le docteur O'Holleran nous a montré comment presser les grenades afin de drainer le pus de l'abdomen de Colton pour ensuite insérer un tamponnement dans la plaie. Au cours des quelques jours qui ont suivi, le docteur O'Holleran venait chaque matin vérifier la plaie et faire le pansement. Durant ces visites, Colton criait au meurtre et s'est mis à associer le médecin à toutes les mauvaises choses qui lui arrivaient.

Le soir, lorsque le médecin n'était pas là, je devais drainer l'incision. Avant la chirurgie, Sonja avait fait la patrouille des vomissements pendant près d'une semaine et, depuis la chirurgie, elle ne quittait plus le chevet de Colton. Cependant, le drainage du pus était une tâche sanglante, et cela aurait été trop lui demander. Par ailleurs, il fallait au moins trois adultes pour tenir Colton. Tandis que je pressais les grenades, Sonja aidait deux infirmières à le tenir, en lui murmurant des paroles apaisantes. Malgré tout, Colton n'en finissait plus de hurler.

CHAPITRE DIX

DES PRIÈRES ON NE PEUT PLUS INHABITUELLES

Pendant une semaine encore après l'appendicectomie d'urgence, Colton a continué de vomir, et nous avons continué de pomper le poison hors de son corps deux fois par jour au moyen de la pompe composée de tubes de plastique et de grenades que le docteur O'Holleran y avait installée. Lentement, graduellement, Colton a commencé à reprendre du poil de la bête. Les vomissements ont cessé, il a retrouvé des couleurs et il s'est mis à manger un petit peu. Nous avons su qu'il était sur la bonne voie lorsqu'il s'est mis à s'asseoir dans son lit et à bavarder avec nous, à jouer avec la console de jeu vidéo que les infirmières avaient placée à côté de son lit et même à s'intéresser au tout nouveau lion en peluche que Cassie lui avait apporté plusieurs jours auparavant. Finalement, sept jours après avoir hospitalisé Colton à North Platte, l'équipe médicale nous a annoncé que nous pouvions ramener notre fils à la maison.

Comme des soldats ayant mené un long combat s'étant soldé par une victoire, Sonja et moi étions tous les deux à la fois épuisés et au comble de la joie. Le 13 mars, nous avons mis tous les vestiges d'une longue hospitalisation dans une variété de sacs à provisions, de sacs marins et de sacs de plastique, puis nous nous sommes dirigés vers les ascenseurs. Je poussais Colton dans un fauteuil roulant et Sonja tenait un gros bouquet de ballons soulignant notre retour à la maison.

Les portes de l'ascenseur avaient commencé à se fermer lorsque le docteur O'Holleran est apparu dans le corridor et nous a littéralement crié d'arrêter. « Vous ne pouvez pas partir ! Vous ne pouvez pas partir !» Sa voix a résonné dans le corridor de tuiles tandis qu'il brandissait une feuille de papier dans notre direction. «Nous avons encore des ennuis !»

Lorsqu'il nous a rattrapés à l'ascenseur, le docteur O'Holleran nous a dit qu'une analyse sanguine de dernière minute avait révélé une montée en flèche de la leucocytémie de Colton. «C'est probablement un autre abcès, nous a-t-il dit. Il se peut qu'on doive le réopérer.»

J'ai cru que Sonja allait perdre connaissance sous nos yeux. Nous étions tous les deux devenus de véritables zombies et nous avions presque atteint notre limite. Colton a éclaté en sanglots.

Un autre scanner a révélé de nouvelles poches d'infection dans l'abdomen de Colton. Cet après-midi-là, le docteur O'Holleran et son équipe chirurgicale ont dû rouvrir notre petit garçon et lui nettoyer l'intérieur une seconde fois. Cette fois-ci, Sonja et moi n'étions toutefois pas terrifiés ; l'ombre de la mort avait quitté le visage de Colton depuis longtemps. Nous avions cependant une nouvelle source d'inquiétude : Colton ne mangeait plus depuis une dizaine de jours. Au début, il ne pesait qu'environ dix-huit kilogrammes. Or, il avait maintenant perdu tellement de poids que ses coudes et ses genoux semblaient anormalement gros et que son visage émacié rappelait celui d'un orphelin affamé.

Après la chirurgie, j'ai confié nos inquiétudes au docteur O'Holleran. «Il n'a rien mangé de plus qu'une petite gelée ou un bouillon en presque deux semaines, lui ai-je précisé. Combien de temps un enfant peut-il tenir sans manger ?»

Le docteur O'Holleran a placé Colton à l'unité de soins intensifs et a demandé au personnel qu'on le gave par une sonde, mais je me doute bien que le lit de l'unité était autant à notre intention qu'à celle de Colton. Nous n'avions pas fermé l'œil depuis presque aussi longtemps que Colton n'avait pas mangé, et nous étions au bord de la crise de nerfs. Le seul moyen que le médecin avait trouvé de nous forcer à aller dormir un peu, c'était d'envoyer Colton à l'unité de soins intensifs.

«Colton sera bien ce soir, nous a-t-il dit. Il aura sa propre infirmière en tout temps et, si quoi que ce soit devait se produire, quelqu'un sera sur place pour prendre soin de lui.»

Je dois reconnaître que ces paroles ont résonné comme une oasis au cœur d'un désert d'épuisement.

Nous redoutions de laisser Colton seul, mais nous savions que le docteur O'Holleran avait raison. C'était la première soirée, depuis que nous avions quitté la maison des Harris à Greeley, que Sonja et moi passions ensemble. Nous avons discuté. Nous avons pleuré. Nous nous sommes encouragés mutuellement. Mais par-dessus tout, nous avons dormi comme les survivants d'un naufrage leur première nuit au chaud et au sec.

Après avoir passé une nuit à l'unité de soins intensifs, Colton a été déménagé encore une fois dans une autre chambre d'hôpital et le cycle attentiste a repris depuis le début. *Mais quand Colton sortira-t-il donc d'ici? Quand pourrons-nous rentrer à la maison et nous remettre à vivre normalement?* Pour l'instant, les intestins de Colton semblaient toutefois avoir cessé de fonctionner. Il ne parvenait pas à aller à la selle, et son état empirait à chaque heure qui passait.

«Papa, mon ventre fait mal», se plaignait-il, allongé dans son lit. Le médecin a dit que si Colton parvenait même à évacuer des gaz, ce serait un bon signe. Nous avons essayé de le faire marcher dans les corridors pour l'aider à aller à la selle, mais Colton ne parvenait qu'à se traîner lentement, plié en deux tellement il avait mal. Rien ne semblait lui faciliter les choses. Le quatrième jour après la seconde opération, il ne parvenait plus qu'à garder le lit, à se tordre pendant que la constipation s'aggravait. Cet après-midi-là, le docteur O'Holleran s'est présenté à nous avec d'autres mauvaises nouvelles.

«Je suis désolé, nous a-t-il dit, je sais que vous avez traversé beaucoup de choses, mais je crois que nous avons fait ici même tout ce que nous pouvions pour Colton. Nous pensons qu'il vaudrait peut-être mieux le faire transférer dans un hôpital pour enfants. Celui d'Omaha ou celui de Denver.»

À nous deux, nous étions parvenus à dormir l'équivalent d'environ cinq nuits sur les quinze derniers jours. Après avoir passé plus de deux semaines éprouvantes au chevet de Colton, nous avions presque repris le chemin vers la normalité – les portes de l'ascenseur presque refermées, après que notre famille y était entrée avec des ballons – lorsque tout notre monde s'était effondré de nouveau autour de nous. Et voilà que notre fils se retrouvait une fois de plus avec de terribles douleurs sans en venir à bout. Nous n'avions même plus l'horizon en vue.

Au moment même où nous pensions que les choses ne pouvaient plus empirer, elles se sont aggravées : une tempête de neige printanière phénoménale traversait le Midwest. En quelques heures à peine, une neige épaisse s'est accumulée aux portes de l'hôpital et jusqu'au plancher de la carrosserie de notre voiture dans le parking. Que nous choisissions l'hôpital pour enfants d'Omaha, situé à huit heures de route, ou celui de Denver, situé à trois heures de route, la seule façon de nous y rendre serait par hélicoptère.

C'est alors que Sonja a craqué. «Je n'en peux plus!» s'est-elle exclamée avant d'éclater en sanglots.

Et c'est vers ce temps-là qu'un groupe de personnes de notre Église a décidé que l'heure était venue de se consacrer sérieusement à la prière. Des amis de l'Église se sont mis à faire des appels téléphoniques et, en peu de temps, environ quatre-vingts personnes s'étaient rendues à la Crossroads Wesleyan pour une réunion de prière. Certaines de ces personnes appartenaient à notre congrégation et d'autres à d'autres Églises, mais elles s'étaient toutes réunies afin de prier pour notre fils.

Brad Dillan m'a rejoint par mon téléphone cellulaire pour me dire ce qui se passait. «À quel sujet exactement devons-nous prier?» m'a-t-il demandé.

Me sentant un peu étrange de le lui dire, je lui ai répété ce que le docteur O'Holleran m'a dit être un bon signe pour Colton. Si bien que ce soir-là a peut-être marqué la seule fois dans l'histoire de l'humanité que quatre-vingts personnes se sont réunies pour prier afin qu'une personne évacue des gaz !

Bien entendu, elles ont également prié pour que le temps s'améliore afin que nous puissions nous rendre à Denver, de même qu'elles ont prié pour une guérison. Or, en moins d'une heure, la première prière était exaucée !

Colton a immédiatement commencé à se sentir mieux. Le soir même, il est parvenu à aller à la selle. Le lendemain matin, il était debout dans sa chambre, en train de jouer comme si rien de tout ce cauchemar ne s'était produit. À le regarder, Sonja et moi n'en croyions pas nos yeux : mis à part sa maigreur, Colton était entièrement redevenu lui-même. En moins de douze heures, nous sommes passés d'une situation complètement désespérée à une situation complètement normale.

Vers les neuf heures, le docteur O'Holleran est venu voir comment se portait son patient. Voyant Colton debout, souriant et enjoué, en train de s'amuser avec ses figurines super héros, il en est resté bouche bée. Pendant un long moment, il est tout simplement resté là à fixer Colton du regard. Ahuri, il a examiné notre fils, puis il a commandé une autre batterie de tests afin d'être archi certain que les organes de Colton se rétablissaient réellement. Cette fois-ci, Colton s'est rendu en trottinant jusqu'au laboratoire d'imagerie.

Nous sommes restés à l'hôpital une journée et demie de plus simplement pour être certains que la convalescence de Colton tenait la route. Au cours de ces trente-six heures, il nous a semblé que plus d'infirmières entraient et sortaient que d'habitude. Lentement, une à la fois et par deux, elles se glissaient dans la chambre – et chaque fois, elles avaient la même réaction : elles se tenaient là tout simplement à fixer notre petit garçon du regard.

CHAPITRE ONZE

COLTON BURPO,
AGENT DE RECOUVREMENT

Après être rentrés de l'hôpital, nous avons dormi pendant une semaine. Je vous concède que j'exagère un peu, mais à peine. Sonja et moi étions complètement épuisés. Nous avions l'impression d'avoir vécu à deux doigts d'un accident de voiture pendant dix-sept jours. Nos blessures n'étaient pas visibles de l'extérieur, mais les soucis et les tensions qui déchirent l'âme avaient sapé nos forces.

Un soir, environ une semaine après être rentrés à la maison, Sonja et moi étions debout en train de parler argent dans la cuisine. Elle était penchée au-dessus d'une table portative placée à côté du four à micro-ondes, en train de trier l'énorme pile de courrier qui s'était accumulé au cours de l'hospitalisation de Colton. Chaque fois qu'elle ouvrait une enveloppe, elle inscrivait un chiffre sur une feuille de papier posée sur le comptoir. Même de là où je me tenais, appuyé contre les armoires de l'autre côté de la cuisine, je pouvais voir la colonne de chiffres s'allonger terriblement.

Sonja a fini par refermer son stylo d'un déclic et le poser sur le comptoir. «Sais-tu de combien d'argent j'ai besoin cette semaine pour payer les factures?»

Comme c'est elle qui s'occupait de la comptabilité de la famille et de l'entreprise, Sonja me posait souvent cette question. Elle travaillait à temps partiel en tant qu'enseignante, si bien que nous pouvions compter sur ce revenu stable, mais relativement faible. Mon salaire de pasteur était faible lui aussi, constitué des dîmes d'une congrégation petite, mais fidèle. Le plus gros de notre revenu provenait donc de notre entreprise de portes de garage, et ce revenu fluctuait selon les saisons. Toutes les deux ou trois semaines, Sonja me présentait les chiffres, non seulement relativement aux factures de la famille, mais aussi à celles de l'entreprise. Plusieurs factures d'hôpital colossales s'étaient maintenant ajoutées à tout le reste.

Après avoir effectué un calcul mental approximatif, je lui ai offert une réponse : «Probablement pas loin de 23 000 $?»

«Oui», m'a-t-elle informé, avant de pousser un soupir.

Si elle m'avait dit que nous devions un million de dollars, cela n'aurait pas fait grand différence. J'avais été dans l'incapacité d'effectuer les travaux de l'entreprise de portes de garage à cause de ma jambe cassée et puis de l'hyperplasie, si bien que nous avions déjà épuisé nos économies. Ensuite, alors que je reprenais enfin mon élan, la maladie de Colton a frappé, m'empêchant de travailler pendant près d'un autre mois. Or, nous avions autant de chances de réunir 23 000 $ que nous en avions de gagner à la loterie. Et étant donné que nous n'y jouons pas, nos chances étaient nulles.

«As-tu des créances ? N'importe quoi qui te serait dû et que tu pourrais percevoir ?» m'a demandé Sonja.

Elle m'a posé la question parce qu'elle le devait, mais elle en connaissait déjà la réponse. J'ai secoué la tête.

«Je peux retarder certaines choses», m'a-t-elle annoncé, en faisant un signe de la tête vers la pile d'enveloppes. «Mais on doit absolument s'acquitter des factures du dix.»

Voici ce qui illustre superbement à quel point la ville d'Imperial est petite : les gens ont des notes ou des comptes dans des endroits comme la station-service, l'épicerie et la quincaillerie. Si nous avons besoin de faire le plein ou d'acheter un pain, nous n'avons qu'à passer par là et à signer pour l'obtenir. Puis le dix de chaque mois, Sonja fait le tour de la ville en quinze minutes pour honorer tous ces engagements. Nos «factures du dix» comptent parmi les choses agréables dans le fait d'habiter une petite ville. Par contre, si nous n'avons pas de quoi les payer, la chose est beaucoup plus humiliante.

J'ai laissé échapper un soupir. « Je peux aller expliquer notre situation et demander un sursis. »

Sonja a saisi ensuite une pile de papiers un peu plus épaisse que les autres. « Les factures médicales commencent à entrer. L'une d'elles s'élève à 34 000 $. »

« Combien la compagnie d'assurances va-t-elle couvrir ? »

« Il y a une franchise de 3 200 $. »

« On ne peut même pas payer ça pour l'instant », ai-je dit.

« Veux-tu malgré tout que je fasse le chèque de dîme ? » m'a demandé Sonja, en faisant allusion au don que nous faisons chaque semaine à l'Église.

« Absolument », lui ai-je répondu. Dieu venait de nous redonner notre fils ; il était hors de question de ne pas redonner à Dieu.

À l'instant même, Colton est entré en provenance de la salle à manger et nous a étonnés en nous faisant une déclaration étrange que je me rappelle encore aujourd'hui.

Il s'est tenu au bout du comptoir avec les mains sur les hanches. « Papa, Jésus s'est servi du docteur O'Holleran pour me réparer, a-t-il dit, il faut que tu paies le docteur. »

Puis il a tourné les talons et est sorti. Il a tourné le coin, et il a disparu.

Sonja et moi, nous nous sommes regardés. *Quoi ?*

Cela nous a quelque peu pris de court tous les deux, puisque Colton avait considéré le chirurgien comme étant responsable des tâtonnements, des coupures, du drainage et des douleurs. Et voilà qu'à peine une semaine après être sorti de l'hôpital, il semblait avoir changé d'avis.

« On dirait qu'il aime bien maintenant le docteur O'Holleran », a dit Sonja.

Même si Colton avait trouvé le moyen de pardonner au bon médecin, sa petite déclaration dans la cuisine n'en était pas moins étrange. Combien d'enfants d'un peu moins de quatre ans analysent les malheurs financiers de leur famille et exigent qu'elle paie l'un de leurs créanciers ? Surtout un créancier qui ne leur avait jamais vraiment plu ?

Et la façon dont il avait présenté les choses : « Papa, Jésus s'est servi du docteur O'Holleran pour me réparer. » Bizarre.

Le plus bizarre, c'est toutefois ce qui s'est produit par la suite. Ayant 23 000 $ de factures à payer dans l'immédiat, nous ignorions ce que nous allions faire. Sonja et moi avons discuté de la possibilité de demander à notre banque de nous consentir un prêt, mais nous n'avons pas eu à le faire en fin de compte. Ma grand-mère Ellen, qui vit à Ulysses, au Kansas, nous a d'abord envoyé un chèque pour nous aider à payer les factures de l'hôpital. Puis, en une seule semaine, d'autres chèques se sont mis à nous parvenir par la poste. Des chèques de 50 $, de 100 $, de 200 $, tous accompagnés de cartes et de mots nous disant des choses comme : « Nous avons entendu parler de vos problèmes et nous prions pour vous » ou : « Dieu m'a mis à cœur de vous envoyer ceci. J'espère que cela vous viendra en aide. »

À la fin de la semaine, notre boîte aux lettres était remplie de nouveau, mais de dons et non de factures. Des membres de notre Église, des amis intimes et même des gens qui ne nous connaissaient qu'à distance ont répondu à notre besoin sans même que nous ayons à le leur demander. Il y en avait pour des milliers de dollars en chèques, et nous avons été ahuris de découvrir que la somme de tout ce que nous avions reçu, y compris ce que ma grand-mère nous avait envoyé, s'élevait au même montant que celui dont nous avions besoin pour payer cette première vague de factures, au dollar près.

—⟨∿∿⟩—

Peu après que Colton est devenu un agent de recouvrement en miniature, il s'est attiré quelques petits ennuis. Rien de bien grave, juste un incident chez un ami où il s'est livré à un petit bras de fer pour obtenir des jouets. Le soir même, je l'ai fait venir à la table de cuisine. J'étais assis sur une chaise droite, et il est monté sur la chaise à côté de moi et s'y est agenouillé. Colton s'est penché sur ses coudes et a levé ses yeux azurés vers moi d'un air semblant un peu penaud.

Si vous avez un enfant d'âge préscolaire, vous savez qu'il peut parfois être difficile de faire abstraction de son air adorable et de rester assez sérieux pour le discipliner. Je suis néanmoins parvenu à m'imposer un air sérieux. «Colton, ai-je commencé, sais-tu pourquoi tu as des ennuis?»

«Ouais, parce que j'ai pas partagé», m'a-t-il répondu, en baissant les yeux sur la table.

«C'est ça. Il ne faut pas faire ça, Colton. Tu dois traiter les gens mieux que ça.»

Levant les yeux, Colton m'a regardé. «Ouais, je sais, papa. Jésus m'a dit que je devais être gentil.»

Ses paroles m'ont légèrement pris de court. C'était la façon dont il les avait dites: *Jésus m'a dit...*

J'ai toutefois fait abstraction de cela. *Ses professeurs de l'école du dimanche doivent faire du bon travail*, me suis-je dit.

«Eh bien, Jésus avait raison, hein?» lui ai-je dit, et cela s'est terminé ainsi. Je ne crois pas même avoir imposé à Colton des conséquences au fait qu'il n'avait pas partagé. Après tout, avec Jésus dans l'histoire, j'avais été plutôt déclassé.

Quelques semaines plus tard, je me suis mis à me préparer à présider des funérailles à l'église. L'homme qui venait de mourir n'était pas membre de la congrégation, mais les habitants de la ville qui n'assistent pas fréquemment aux services désirent souvent offrir des funérailles religieuses à leur être cher. Il arrive parfois que la personne décédée soit l'ami ou le parent d'un membre de l'Église.

Colton devait avoir entendu Sonja et moi discuter du service funèbre, car il est entré dans le salon un matin et est venu tirer sur ma chemise. «Papa, c'est quoi des funérailles?»

J'avais célébré plusieurs funérailles à l'église depuis la naissance de Colton, mais il était à l'âge où il commençait à s'intéresser de plus près au fonctionnement des choses.

«Eh bien, mon grand, des funérailles ont lieu quand une personne meurt. Ici, en ville, un homme est mort, et sa famille va venir à l'église pour lui dire au revoir.»

Colton a immédiatement changé d'air. Son visage s'est soudain rembruni, et il m'a regardé droit dans les yeux avec intensité. «Est-ce que le monsieur avait Jésus dans son cœur?»

Mon fils me demandait si l'homme qui était mort était un chrétien qui avait accepté Christ comme son Sauveur, mais son intensité m'a pris par surprise. «Je n'en suis pas certain, Colton, lui ai-je répondu. Je ne le connaissais pas très bien.»

Le visage de Colton s'est serré en arborant un air terriblement inquiet. «Il *devait* avoir Jésus dans son cœur! Il *devait* connaître Jésus, sinon il ne peut pas aller au ciel!»

Une fois de plus, son intensité m'a étonné, surtout qu'il ne connaissait même pas cet homme. J'ai tenté de le réconforter comme j'ai pu. «J'ai parlé avec quelques-uns des membres de sa famille, et ils m'ont dit que c'était le cas», lui ai-je affirmé.

Colton ne m'a pas semblé entièrement convaincu, mais son visage s'est légèrement détendu. «Bon... OK», m'a-t-il dit avant de repartir.

C'était la deuxième fois en quelques semaines que je me disais: *Dis donc, ses professeurs de l'école du dimanche font vraiment du bon travail!*

Ce week-end-là, Sonja a habillé Cassie et Colton de leurs vêtements du dimanche, et nous avons amorcé le trajet d'un demi-pâté de maisons séparant la maison de l'église pour aller nous préparer aux funérailles. Tandis que nous approchions à bord du SUV, j'ai vu le corbillard de la Liewer Funeral Home garé à l'extérieur. À l'intérieur, on avait installé le cercueil de chêne poli d'un côté du hall.

Deux ensembles de portes ouvertes conduisaient du hall à l'intérieur du sanctuaire, où la famille se réunissait pour le « service floral ». Avant de déménager à Imperial, je n'avais jamais entendu parler d'un service floral, mais je trouve maintenant qu'il s'agit d'une excellente idée. La famille se réunit avant le service funèbre, et l'entrepreneur de pompes funèbres désigne chaque plante, chaque couronne et chaque arrangement floral en expliquant qui l'a envoyé et lit à voix haute tout message de sympathie dont il s'accompagne. («Ces belles azalées pourpres vous sont offertes avec amour par la famille Smith.»)

Comme le pasteur est censé participer au service floral, j'ai jeté un coup d'œil à l'intérieur du sanctuaire et j'ai capté l'attention de l'entrepreneur de pompes funèbres. Il m'a fait signe de la tête pour indiquer qu'ils étaient prêts à commencer. Je me suis retourné pour réunir Colton et Cassie, lorsque Colton m'a demandé en faisant un signe vers le cercueil : «C'est quoi, ça, papa?»

J'ai essayé de garder mon explication simple. «C'est le cercueil. L'homme qui est mort est à l'intérieur.»

Soudain, le visage de Colton a revêtu le même air préoccupé et intense qu'auparavant. Il s'est frappé les cuisses de ses poings, avant de désigner le cercueil du doigt et de demander presque en criant : «Il avait Jésus, le monsieur?»

Les yeux de Sonja se sont écarquillés, et nous avons tous les deux regardé par la porte du sanctuaire, terrifiés à l'idée que la famille s'y trouvant puisse entendre notre fils.

«Il *fallait*! Il *fallait*! Colton a-t-il poursuivi. Il peut pas aller au ciel s'il n'avait pas Jésus dans son cœur!»

Sonja a saisi Colton par les épaules et a tenté de le faire taire, mais en vain. Presque en larmes, Colton se démenait maintenant dans les bras de Sonja, puis il m'a crié : «Il *fallait* qu'il connaisse Jésus, papa!»

Sonja l'a poussé en l'éloignant du sanctuaire, vers les portes avant de l'église, avec Cassie à la queue. Par les portes vitrées, j'ai vu Sonja se pencher et discuter avec Cassie et Colton à l'extérieur. Ensuite, Cassie a pris la main de son frère encore désemparé et a commencé à marcher vers la maison.

Je ne savais que penser de la scène. D'où pouvait bien provenir cette préoccupation soudaine pour le salut d'un inconnu, pourquoi voulait-il tellement que cet inconnu «ait Jésus dans son cœur», pour reprendre les paroles de Colton?

Tout ce que je savais, c'est que Colton était à l'âge où, si une chose lui venait à l'esprit, elle sortait de sa bouche comme une balle. C'était comme la fois où je l'avais amené dans un restaurant de Madrid, au Nebraska. Un gars aux cheveux très longs et raides était entré, et Colton avait demandé tout haut si c'était un garçon ou une fille. Après cet incident, nous avons tenu Colton loin des funérailles pendant un moment lorsque nous n'étions pas certains que la personne décédée soit chrétienne, car nous ignorions ce qu'il était capable de dire ou de faire.

CHAPITRE DOUZE

UN TÉMOIN OCULAIRE DU CIEL

Ce n'est que quatre mois après la chirurgie de Colton, durant notre voyage du 4 juillet pour aller rencontrer notre nouveau neveu, que Sonja et moi avons fini par avoir un indice que quelque chose d'extraordinaire était arrivé à notre fils. Bien entendu, il y avait toutes sortes de choses étranges que Colton avait dites et faites depuis son hospitalisation. Le fait que Colton avait insisté pour que nous payions le docteur O'Holleran parce que Jésus s'était servi de ce médecin pour le «réparer». L'affirmation selon laquelle Jésus lui avait «dit» d'être gentil. Et son coup d'éclat marqué par l'acharnement, voire presque de l'impétuosité lors des funérailles. En repensant rapidement à ces brèves scènes d'une vie familiale active, ces choses semblaient plutôt... disons, mignonnes. Exception faite de la scène des funérailles, qui était franchement étrange.

Toutefois pas étrange de manière *surnaturelle*. Ce n'est que lorsque nous avons traversé North Platte en direction du Dakota du Sud que des lumières se sont allumées dans notre esprit. Comme vous vous le rappellerez, je taquinais légèrement Colton tandis que nous traversions la ville.

«Hé! Colton, si nous tournons ici, nous pouvons retourner à l'hôpital, lui ai-je dit. Ça te dirait d'y retourner?»

C'était durant cette conversation que Colton avait dit: «Je suis sorti de mon corps», qu'il avait parlé avec des anges et qu'il s'était assis sur les genoux de Jésus. Et ce qui nous avait révélé qu'il n'inventait rien, c'était qu'il avait su nous dire ce que nous avions fait dans une autre partie de l'hôpital : « Tu étais seul dans une petite chambre, en train de prier ; et maman était dans une autre chambre, et elle priait et elle parlait au téléphone. »

Pas même Sonja ne m'avait vu dans cette petite pièce, en train de m'effondrer devant Dieu.

Soudain, là, en voyage de congé à bord de l'Expedition, les incidents des derniers mois sont tombés en place comme les dernières pièces d'un cube hongrois (Rubik) s'enclenchent dans un déclic : Sonja et moi prenions maintenant conscience que ce n'était pas la première fois que Colton nous avait fait savoir que quelque chose d'extraordinaire lui était arrivé ; seulement, cette fois-ci, c'était plus évident.

Lorsque nous sommes arrivés à Sioux Falls, nous étions tellement occupés à faire la connaissance de notre mignon petit neveu, à prendre des nouvelles de la famille et à visiter la chute que nous n'avons pas eu beaucoup de temps pour discuter des étranges révélations de Colton. Cependant, durant les moments tranquilles précédant le sommeil, un flot d'images a déferlé dans mon esprit, surtout ceux des moments horribles que j'avais passés dans la minuscule pièce à l'hôpital, furieux contre Dieu. Je m'y étais cru seul, à laisser libre cours à ma colère et à mon chagrin en privé, en restant fort pour Sonja. Mon fils a toutefois dit qu'il m'avait vu…

Notre court congé s'est déroulé sans nouvelle catastrophe, et nous sommes retournés à Imperial à temps pour que j'y prêche le dimanche. La semaine suivante, Sonja et son amie Sherri Schoenholz se sont rendues à Colorado Springs pour y assister au Pike's Peak Worship Festival, une conférence portant sur le ministère musical en église. Je suis donc resté seul à la maison avec les enfants.

Comme c'est le cas de toute famille prudente du couloir des tornades, notre maison de plain-pied comporte un sous-sol. Le nôtre est semi-fini et comprend un petit bureau et une salle de toilette qui donnent sur une grande salle de jeu pouvant servir à toutes sortes d'activités. Colton et moi étions là un soir, tandis que je travaillais à un sermon avec pour toile de fond réconfortante la guerre des figurines de mon enfant d'âge préscolaire.

Colton avait trois ans et dix mois au moment de sa chirurgie, mais en mai nous avions célébré son anniversaire, si bien qu'il avait maintenant officiellement quatre ans. Il était devenu un grand garçon. La petite fête que nous avions donnée à cette occasion était d'autant plus spéciale que nous avions passé à un cheveu de le perdre peu avant.

Je ne me rappelle pas exactement quel jour de la semaine nous étions lorsque Colton et moi passions ainsi du temps au sous-sol, mais je me souviens que c'était en soirée et que Cassie n'était pas là. Elle devait passer la nuit chez une amie. Tandis que Colton s'amusait tout près, mon attention a erré jusqu'à me ramener à notre conversation de chez Arby's au sujet de Jésus et des anges. J'ai voulu aller plus au fond des choses, l'amener à en reparler. À cet âge, les petits garçons ne s'étendent pas précisément dans leurs récits en offrant beaucoup de détails. Ils fournissent toutefois des réponses directes à des questions directes. Si Colton avait réellement fait une expérience surnaturelle, je ne voulais certainement pas lui poser de questions tendancieuses. Nous enseignions notre foi à Colton depuis toujours, mais s'il avait réellement vu Jésus et les anges, je voulais devenir l'élève, et non le professeur !

Assis à mon bureau de fortune, j'ai jeté un coup d'œil à mon fils tandis qu'il utilisait Spider-Man pour infliger une bonne correction à une créature de la Guerre des étoiles aux airs redoutables. « Hé ! Colton, l'ai-je interpellé, te rappelles-tu quand on était dans la voiture et que tu parlais d'être assis sur les genoux de Jésus ? »

Restant agenouillé par terre, il a levé les yeux vers moi. « Ouais. »

« Eh bien, est-ce que d'autres choses se sont produites ? »

Il me l'a confirmé d'un signe de la tête, les yeux brillants. « Tu sais que Jésus a un cousin ? Jésus m'a dit que son cousin l'avait baptisé. »

« Oui, tu as raison, lui ai-je dit. La Bible dit que le cousin de Jésus s'appelait Jean. »

Je me suis mentalement réprimandé : *N'offre pas d'information. Laisse-le juste parler...*

« Je ne me rappelle pas son nom, mais il était vraiment gentil », m'a lancé Colton d'un air joyeux.

Jean-Baptiste est « gentil » ?

Alors que je traitais mentalement les implications de l'affirmation de mon fils – le fait qu'il avait *rencontré* Jean-Baptiste –, Colton a repéré un cheval de plastique parmi ses jouets et l'a brandi pour que je le voie. « Hé ! papa, savais-tu que Jésus a un cheval ? »

« Un cheval ? »

« Ouais, un cheval arc-en-ciel. J'ai pu le caresser. Y'a beaucoup de couleurs. »

Beaucoup de couleurs ? Mais de quoi parlait-il donc ?

« Où est-ce qu'il y a beaucoup de couleurs, Colton ? »

« Au ciel, papa. C'est là que toutes les couleurs de l'arc-en-ciel sont. »

Voilà qui a lancé mes pensées dans un tourbillon. Soudain, j'ai pris conscience que, jusque-là, j'avais jonglé avec l'idée que Colton avait reçu un genre de visite divine. Peut-être que Jésus et les anges lui étaient apparus à l'hôpital. J'avais entendu parler de phénomènes similaires de nombreuses fois lorsque des gens avaient frôlé la mort d'aussi près que Colton. Je comprenais maintenant enfin que mon fils était en train de me dire non seulement qu'il avait quitté son corps, *mais encore qu'il avait quitté l'hôpital !*

« Tu étais au ciel ? » suis-je parvenu à lui demander.

« Ouais, papa », m'a-t-il dit, comme si ce fait aurait dû aller parfaitement de soi.

Il me fallait faire une pause. Je me suis levé, j'ai gravi les marches à la course, j'ai décroché le téléphone et j'ai composé le numéro de Sonja. Elle m'a répondu, et je pouvais entendre de la musique et des chants en arrière-plan. « Sais-tu ce que ton fils vient de me dire ? »

« Quoi ? » m'a-t-elle crié pour enterrer le bruit.

« Il m'a dit qu'il avait rencontré Jean-Baptiste ! »

« Quoi ? »

Je lui ai résumé le reste, discernant l'étonnement dans sa voix à l'autre bout du fil. Elle me pressait de lui donner plus de détails, mais la salle de conférence était trop bruyante. Nous avons dû finir par renoncer à cette discussion. « Téléphone-moi ce soir après le repas, OK ? m'a demandé Sonja. Je veux tout savoir ! »

J'ai raccroché et je me suis appuyé contre le comptoir de cuisine, à assimiler les paroles de Colton. Lentement, j'ai forcé mon esprit à considérer la possibilité que tout cela se soit réellement produit. Notre fils était-il mort et était-il revenu à la vie ? Le personnel médical ne nous avait jamais donné la moindre indication à ce sujet. Il n'en restait pas moins clair que *quelque chose* était arrivé à Colton. Il nous l'avait confirmé en nous disant des choses qu'il n'avait aucun autre moyen de savoir. Il m'est alors enfin venu à l'esprit que nous avions peut-être reçu un cadeau et que nous devions maintenant le déballer, lentement, soigneusement, pour voir ce qu'il contenait.

Au sous-sol, Colton était encore à genoux en train de bombarder des extraterrestres. Je me suis assis à ses côtés.

« Hé ! Colton, je peux te demander autre chose au sujet de Jésus ? »

Il me l'a permis d'un signe de la tête, mais sans quitter des yeux l'attaque dévastatrice qu'il livrait contre une petite pile de X-Men.

« À quoi ressemblait Jésus ? » l'ai-je questionné.

Colton a alors abruptement déposé ses jouets et m'a regardé.

« Jésus a des marqueurs. »

« Quoi ? »

« Des marqueurs, papa... Jésus a des marqueurs. Et il a les cheveux bruns et il a des poils sur le visage », m'a-t-il dit, en passant sa petite paume autour de son menton. J'imagine qu'il ne connaissait pas encore le mot *barbe*. « Et ses yeux... ô, papa, ses yeux sont *tellement* beaux ! »

Pendant qu'il me tenait ces propos, l'air sur le visage de Colton est devenu songeur et distant, comme s'il savourait un souvenir particulièrement agréable.

« Et comment étaient ses vêtements ? »

Son esprit est revenu immédiatement dans la pièce et Colton m'a souri. « Il avait du rouge.

» Pendant qu'il me répondait ainsi, il a déposé sa main droite sur son épaule gauche, et l'a glissée en travers de son corps jusqu'à sa hanche droite, puis il a répété le geste. « Ses vêtements étaient blancs, mais c'était rouge d'ici à ici. »

Un autre mot qu'il ignorait : *écharpe*.

« Jésus était le seul au ciel qui avait du rouge, papa. Tu savais ça ? »

Dans la Bible, le rouge est la couleur des rois. Un certain verset de l'Évangile selon Marc m'a traversé l'esprit : « ses vêtements devinrent éblouissants et si parfaitement blancs que personne sur la terre ne peut produire une telle blancheur[1]. »

« Et il avait un truc doré sur la tête… » Colton exultait d'enthousiasme. Il s'est mis les deux mains au-dessus de la tête en forme de cercle.

« Comme une couronne ? »

« Ouais, une couronne, et il y avait… comme ce diamant-là au milieu et c'était comme rose. Et il avait des marqueurs, papa. »

La tête me tournait. Je croyais orienter doucement cette conversation, mais c'était plutôt Colton qui avait pris les rênes en main et qui galopait. Des images scripturaires me trottaient dans l'esprit. La christophanie, ou manifestation de Christ, dans le livre de Daniel, l'apparence du Roi des rois dans le livre de l'Apocalypse. J'étais étonné d'entendre mon fils décrire Jésus en termes plutôt humains – puis je me suis étonné de m'en étonner, puisque toute notre foi tourne autour de l'idée que l'homme a été créé à l'image de Dieu et que Jésus est venu sur la terre et est retourné au ciel sous sa forme humaine.

Je connaissais par cœur toutes les histoires de la Bible que nous lui avions lues au fil des ans, des récits bibliques qu'on m'avait lus quand j'étais moi-même enfant. Par ailleurs, je connaissais les leçons de l'école du dimanche de notre Église et à quel point elles sont simplifiées dans le cas des enfants d'âge préscolaire : Jésus t'aime. Sois gentil envers les autres. Dieu est bon. Si l'on parvient à leur faire apprendre ne serait-ce qu'un concept de trois ou quatre mots le dimanche matin, c'est une réalisation énorme.

Et voilà que mon propre fils, à sa façon directe et de sa voix d'enfant d'âge préscolaire, me disait des choses qui étaient non seulement étonnantes à première vue, mais aussi qui correspondaient à la Bible dans les moindres détails, jusqu'aux couleurs de l'arc-en-ciel décrites dans le livre de l'Apocalypse[2], qui sont loin de représenter du matériel pour enfants d'âge préscolaire. Et de temps à autre au cours de ses babillages, Colton me demandait, à moi, son pasteur-papa : «Tu savais ça ?»

Et je me disais : «*Ouais, mais comment le sais-tu, toi ?*»

Je suis resté assis là quelques instants, en silence, tandis que Colton retournait à sa campagne de bombardement. Comme j'allais en prendre l'habitude au cours des années qui ont suivi, je suis resté là à tenter de voir ce que je devais ensuite lui demander. J'ai réfléchi à ce qu'il avait dit jusque-là… Jean-Baptiste, Jésus et ses vêtements, les arcs-en-ciel, les chevaux. J'ai compris tout cela. Mais que dire des marqueurs ? Que voulait dire Colton quand il disait que Jésus avait des marqueurs ?

Que sont des marqueurs pour un petit enfant ?

Soudain, j'ai compris. «Colton, tu as dit que Jésus avait des marqueurs. Tu veux dire des marqueurs que tu utilises pour colorier ?»

Colton me l'a confirmé d'un hochement de tête. «Oui, comme les couleurs. Il avait des couleurs sur lui.»

«Comme quand tu colores une page ?»

«Ouais.»

«Dis-moi, de quelles couleurs sont les marqueurs de Jésus ?»

«Rouge, papa. Jésus a des marqueurs rouges sur lui.»

À ce moment-là, j'ai senti les sanglots m'étrangler, car je comprenais soudain ce que Colton tentait de me dire. Doucement, prudemment, je lui ai dit : «Colton, où sont les marqueurs de Jésus ?»

Sans hésiter, il s'est mis debout. Il a levé la main droite, la paume tournée vers le haut, et en a désigné le centre de sa main gauche. Puis il a levé la main gauche et l'a désignée de sa main droite. Pour terminer, Colton s'est penché et a désigné du doigt le dessus de ses deux pieds.

«C'est là qu'ils sont les marqueurs de Jésus, papa», m'a-t-il indiqué.

J'ai pris une inspiration profonde et soudaine. *Il a vu ça. Il faut qu'il l'ait vu.*

Nous savons où les clous ont été plantés lors de la crucifixion de Jésus, mais on n'insiste pas beaucoup sur ces faits horribles auprès des tout-petits et des enfants d'âge préscolaire. En fait, j'ignorais si mon fils avait déjà vu un crucifix. Les enfants catholiques grandissent avec cette image, mais les enfants protestants, surtout les tout jeunes, grandissent simplement avec un concept général : «Jésus est mort sur la croix.»

J'étais également saisi de voir avec quelle rapidité Colton répondait à mes questions. Il parlait avec la conviction simple d'un témoin oculaire, et non avec la prudence d'une personne se remémorant les «bonnes» réponses apprises à l'école du dimanche ou dans un livre.

«Colton, je vais monter me servir un peu d'eau», lui ai-je dit, voulant seulement en réalité sortir de cette conversation. Qu'il ait terminé ou non, moi, j'en avais assez entendu. J'avais suffisamment d'information à tourner et à retourner dans ma tête.

«OK, papa», m'a dit Colton en se penchant de nouveau au-dessus de ses jouets.

Là-haut, dans la cuisine, je me suis appuyé contre le comptoir et j'ai bu à même une bouteille d'eau. *Comment mon petit garçon pouvait-il savoir ces choses-là ?*

Je savais qu'il n'inventait rien. J'étais à peu près certain que ni Sonja ni moi ne lui avions parlé de la moindre chose que Jésus avait portée, encore moins de ce qu'il portait peut-être au ciel. Avait-il pu recueillir ce détail à partir des récits bibliques que nous lisions aux enfants ? Colton tenait davantage ses connaissances au sujet de notre foi de tout ce qu'il apprenait pendant un mois à l'école du dimanche. Il n'en restait pas moins que les récits tirés des livres d'histoires bibliques que nous lui lisions étaient très orientés vers la narration et ne comportaient que quelques centaines de mots chacun. Ils ne donnaient que très peu de détails, comme le fait que Jésus était vêtu de blanc (pourtant, la Bible dit que c'était le cas). Et *aucun* détail portant sur ce à quoi peut ressembler le ciel.

J'ai pris une autre gorgée d'eau en me cassant la tête au sujet du fameux cousin et des « marqueurs ». Il n'a pas appris ces choses-là auprès de nous. Sans compter que, même quant aux détails dont je ne comprenais pas la signification au début, comme les « marqueurs », Colton s'était montré insistant. Et il y avait une autre chose au sujet des marqueurs qui me harcelait. Quand j'ai demandé à Colton à quoi Jésus ressemblait, c'est le premier détail qu'il a donné spontanément. Pas l'écharpe rouge, ni la couronne ni même les yeux de Jésus, qui avaient manifestement ravi Colton. Il avait dit d'entrée de jeu : « Jésus a des marqueurs. »

J'ai entendu raconter une « énigme » spirituelle un jour : « Quelle est la seule chose au ciel qui est la même que sur la terre ? »

La réponse : les blessures aux mains et aux pieds de Jésus.

Peut-être était-ce vrai.

CHAPITRE TREIZE

DES LUMIÈRES ET DES AILES

Sonja est rentrée en voiture de Colorado Springs le samedi soir, et tandis que nous étions blottis l'un contre l'autre dans le salon à boire un verre de Pepsi, je l'ai mise au courant du reste des propos de Colton.

«Qu'est-ce qui nous a échappé?» me suis-je demandé à voix haute.

«Je l'ignore, m'a répondu Sonja. C'est comme s'il nous sortait soudain de nouvelles informations.»

«Je veux en savoir plus, mais je ne sais pas quoi lui demander.»

Nous étions enseignants tous les deux, Sonja au sens conventionnel et moi au sens pastoral. Nous avons convenu que le meilleur moyen de procéder consistait à simplement continuer de lui poser des questions ouvertes lorsque cette situation se présentait, sans remplir les espaces vides pour Colton comme je l'avais fait, bien malgré moi, en suggérant le mot *couronne* lorsqu'il décrivait le «truc doré» sur la tête de Jésus. Au fil des années, nous nous en sommes tenus à cette résolution avec un tel soin que Colton n'a appris le mot *écharpe* qu'à l'âge de dix ans.

Quelques jours après la conversation au sujet des marqueurs, j'étais assis à la table de la cuisine, en train de me préparer à un sermon, tandis que Colton s'amusait à proximité. En levant les yeux de sur mes livres, j'ai vu mon fils armé d'épées de plastique en train d'attacher les coins d'une serviette autour du cou. Tous les super héros ont besoin d'une cape.

Sachant vouloir m'informer de nouveau au sujet du ciel auprès de lui, j'avais réfléchi à certaines questions que je pourrais lui poser. Je n'avais jamais eu ce genre de conversation avec Colton auparavant, si bien que j'étais légèrement nerveux quant à la manière d'amener le sujet. En fait, je n'avais jamais eu de conversation de ce genre avec *qui que ce soit* par le passé.

Pour le prendre avant qu'il entre dans la bataille, j'ai capté l'attention de Colton et je lui ai fait signe de la main de venir s'asseoir avec moi. Il est venu en trottinant et s'est hissé dans la chaise au bout de la table de cuisine. «Oui?»

«Te rappelles-tu quand tu me disais à quoi ressemble Jésus? Et le cheval?»

Il me l'a confirmé d'un signe de la tête, les yeux grands ouverts et l'air sérieux.

«Tu étais au ciel?»

Il me l'a confirmé de nouveau d'un hochement de tête.

Je me suis rendu compte que je commençais à l'accepter; oui, peut-être que Colton était réellement allé au ciel. J'avais le sentiment que notre famille avait reçu un cadeau et que, à peine avions-nous enlevé la couche de papier supérieure, nous en avions découvert la forme générale. Je voulais maintenant savoir tout ce que contenait la boîte.

«Dis-moi, qu'est-ce que tu faisais au ciel?» me suis-je aventuré à lui demander.

«Mes devoirs.»

Des devoirs? Ce n'était pas ce à quoi je m'attendais. Une répétition de la chorale, peut-être, mais des devoirs? «Qu'est-ce que tu veux dire?»

Colton m'a souri. «Jésus était mon professeur.»

«Comme à l'école?»

Colton m'a répondu par un signe affirmatif de la tête, en ajoutant: «Jésus m'a donné du travail à faire, et c'est ce que j'ai préféré au ciel. Il y avait beaucoup d'enfants, papa.»

Cette affirmation a marqué le début d'une période où je regrette que nous n'ayons pas mis ses paroles par écrit. Au cours de cette conversation et pendant l'année environ qui a suivi, Colton a nommé beaucoup d'enfants qu'il dit s'être trouvés avec lui au ciel. Il ne se rappelle plus leurs noms maintenant, et Sonja et moi non plus.

C'était également la première fois que Colton avait mentionné d'autres personnes au ciel. Je veux dire d'autres personnes que les gens de la Bible comme Jean-Baptiste, mais je dois reconnaître que je le considérais en quelque sorte… eh bien, plus comme un «personnage» qu'une personne ordinaire comme vous et moi. Cela peut sembler un peu idiot, étant donné que les chrétiens passent leur temps à parler d'aller au ciel quand ils mourront. Pourquoi ne m'attendrais-je pas à ce que Colton y voie des gens ordinaires?

Tout ce qui me venait à l'esprit de lui demander, c'était néanmoins: «Alors, à quoi ressemblaient les enfants? À quoi ressemblent les gens au ciel?»

«Tout le monde a des ailes», m'a-t-il répondu.

Des ailes, hein?

«En avais-tu?» lui ai-je demandé.

«Ouais, mais les miennes étaient pas très grosses.» Il avait l'air légèrement sombre lorsqu'il me l'a dit.

«OK… est-ce que tu te rendais dans des endroits en marchant ou en volant?»

«On volait. Heu, tout le monde, sauf Jésus. C'est le seul au ciel qui avait pas d'ailes. Jésus montait et descendait comme un ascenseur.»

Le livre des Actes m'a traversé l'esprit, la scène de l'ascension de Jésus, lorsque celui-ci a dit aux disciples qu'ils seraient ses témoins, qu'ils parleraient de lui partout dans le monde. Après avoir dit cela, la Bible nous indique qu'ils ont vu Jésus, qu'il «s'éleva vers le ciel pendant que tous le regardaient; puis un nuage le cacha à leurs yeux. Ils avaient encore les regards fixés vers le ciel où Jésus s'élevait, quand deux hommes habillés en blanc se trouvèrent tout à coup près d'eux et leur dirent: Hommes de Galilée, pourquoi restez-vous là à regarder le ciel? Ce Jésus, qui vous a été enlevé pour aller au ciel, reviendra de la même manière que vous l'avez vu y partir[1]. »

Jésus est monté. Et il redescendra. Sans ailes. Aux yeux d'un enfant, cela pouvait ressembler à un ascenseur.

Colton a interrompu mes pensées. « Tout le monde ressemble un peu à des anges au ciel, papa. »

« Que veux-tu dire ? »

« Tout le monde a une lumière au-dessus de la tête. »

J'ai fouillé ma mémoire pour voir ce que je savais au sujet des anges et de la lumière. Dans la Bible, lorsque des anges apparaissent, ils sont parfois d'un éclat éblouissant, presque aveuglant. Lorsque Marie de Magdala et les autres femmes sont venues au tombeau de Jésus le troisième jour après sa mise au tombeau, les Évangiles nous disent qu'un ange leur est apparu, assis sur la pierre du tombeau qui avait été roulée, d'une manière ou d'une autre : « Il avait l'aspect d'un éclair et ses vêtements étaient blancs comme la neige[2]. »

Je me suis souvenu que le livre des Actes parlait du disciple nommé Étienne. Lorsqu'on l'a accusé d'hérésie devant un tribunal juif, on a dit que « son visage était semblable à celui d'un ange[3] ». Peu après, Étienne s'est fait lapider à mort.

L'apôtre Jean, dans le livre de l'Apocalypse, a écrit qu'il avait vu un « ange puissant descendre du ciel. Il était enveloppé d'un nuage et un arc-en-ciel couronnait sa tête », et le visage de cet ange « était comme le soleil[4] ».

Je ne me rappelais pas avoir précisément lu que les anges avaient des *lumières* au-dessus de la tête – ou des halos, comme certains le diraient –, mais je savais que l'expérience que Colton avait faite des anges dans ses livres d'histoires et la Bible ne mentionnait pas que les anges avaient des lumières au-dessus de la tête. Et il ne connaissait même pas le mot *halo*. Je ne pense pas qu'il en avait vu un déjà, étant donné que les histoires bibliques que nous lui lisons au coucher et que les leçons de l'école du dimanche qui lui sont données à l'église sont tout à fait scripturaires.

Il n'en reste pas moins que ce qu'il avait dit m'intriguait pour une autre raison : une de nos amies, la femme d'un pasteur d'une

Église du Colorado, m'avait raconté un jour ce que sa fille, Hannah, lui avait dit lorsqu'elle avait trois ans. Après la fin du service un dimanche matin, Hannah avait tiré sur la jupe de sa mère et lui avait demandé : « Maman, pourquoi y'a des personnes à l'église qui ont des lumières au-dessus de leur tête et d'autres pas ? » À l'époque, je me souviens avoir pensé deux choses. D'abord, je me serais agenouillé et j'aurais demandé à Hannah : « Est-ce que *j'ai* une lumière au-dessus de ma tête ? » Ensuite, je l'aurais suppliée de me dire que oui !

Je m'étais également demandé ce que Hannah avait vu, et si elle l'avait vu parce que, comme mon fils, elle avait la foi d'un enfant.

Lorsque les disciples ont demandé à Jésus qui était le plus grand dans le Royaume des cieux, Jésus a fait venir à lui un petit garçon pris du milieu de la foule et l'a cité en exemple devant tout le monde : « Je vous le déclare, c'est la vérité : si vous ne changez pas pour devenir comme des petits enfants, vous n'entrerez pas dans le Royaume des cieux. Le plus grand dans le Royaume des cieux est celui qui s'abaisse et devient comme cet enfant[5]. »

Celui qui s'abaisse et devient comme cet enfant...

Qu'est-ce que l'humilité d'un enfant ? Ce n'est pas le manque d'intelligence, mais l'absence de duplicité. L'absence de motifs cachés. C'est la période éphémère et précieuse de notre vie avant que nous ayons accumulé suffisamment d'orgueil ou atteint un rang assez honorable pour nous préoccuper de ce que les autres pourraient penser. La même honnêteté naturelle qui permet à un enfant de trois ans de s'amuser à sauter dans une flaque d'eau après la pluie ou de se rouler en riant dans l'herbe avec un chiot, ou encore de s'exclamer bien fort que vous avez une saleté qui vous pend au nez en la désignant du doigt, voilà ce qui est nécessaire pour entrer au ciel. C'est tout le contraire de l'ignorance – il s'agit d'une intégrité intellectuelle : le fait d'être disposé à accepter la réalité et à appeler les choses par leur nom même lorsque cela est difficile.

Tout cela m'a traversé l'esprit l'espace d'un instant, sans pourtant me convaincre.

«Une lumière, hein?» me suis-je contenté de lui dire.

«Ouais, et ils ont du jaune d'ici à ici», m'a-t-il dit en faisant le geste décrivant de nouveau l'écharpe, de l'épaule gauche à la hanche droite. «Et du blanc d'ici à ici.» Il a mis les mains sur ses épaules, puis s'est penché vers l'avant et s'est touché le dessus des pieds.

J'ai repensé au «personnage» étant apparu au prophète Daniel: «Le vingt-quatrième jour du premier mois, je me trouvais au bord du Tigre, le grand fleuve. Tandis que je regardais, j'aperçus un personnage, vêtu d'habits de lin, avec une ceinture en or pur autour de la taille. Son corps ressemblait à une pierre précieuse, son visage brillait comme un éclair, ses yeux étaient pareils à des torches enflammées, ses bras et ses jambes luisaient comme du bronze poli[6].»

Colton a refait le geste de l'écharpe en disant qu'au ciel les gens portaient des couleurs différentes de celles des anges.

J'avais presque toutes les informations que j'étais capable de prendre à ce stade-là, mais il me fallait découvrir encore une chose. Si Colton était véritablement allé au ciel et avait véritablement vu toutes ces choses – Jésus, le cheval, les anges et les autres enfants –, et qu'il s'était trouvé là-haut (était-ce *en haut*?) assez longtemps pour *faire des devoirs,* pendant combien de temps était-il «sorti» de son corps, comme il le disait?

Je l'ai regardé, agenouillé sur une chaise de cuisine avec sa serviette-cape encore nouée autour du cou. «Colton, tu as dit que tu étais au ciel et que tu as fait toutes ces choses… *toutes sortes* de choses. Pendant combien de temps as-tu été parti?»

Mon petit garçon m'a alors regardé droit dans les yeux et m'a dit sans la moindre hésitation: «Trois minutes. Puis il est redescendu de sa chaise et est vite parti s'amuser.

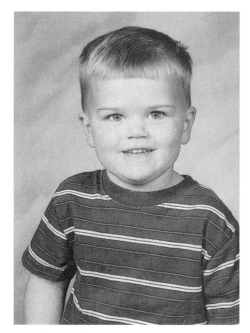

Photo de Colton âgé de 3 ans prise à la
maternelle en octobre 2002

Les Doc's Dodgers, l'équipe de softball mixte de Todd et de Sonja

Todd, Sonja et Colton au Butterfly Pavilion de Denver, le 1ᵉʳ mars 2003

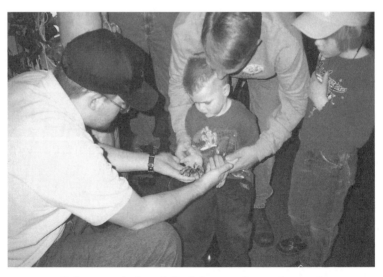

Colton en train de tenir Rosie la tarentule sous le regard
de sa grande sœur Cassie

The Imperial Republican / Jan Schultz

Photo apparaissant dans le journal *The Imperial Republican*, Colton et Todd une semaine après la sortie d'hôpital de Colton

La fête du 4ᵉ anniversaire de Colton, le 19 mai 2003 ; toute une célébration !

Colton, Todd, Sonja et Cassie à Sioux Falls,
Dakota du Sud, juillet 2003

Le premier jour de la deuxième année Todd et Colton, novembre 2003
préscolaire de Colton, septembre 2003

Colton à 7 ans et Colby à 18 mois en train de
jouer avec des épées, printemps 2006

Colton, alias L'éclair, octobre 2007

Lawrence Barber, «papi», à l'âge de 29 ans avec grand-mère Ellen,
l'oncle Bill et la mère de Todd, Kay, 1943

Lawrence Barber, «papi», à 61 ans

Le Prince de la paix, d'Akiane Kramarik

Cassie, Todd, Colby, Sonja et Colton lors de la fête du 40ᵉ anniversaire
de Todd ayant pour thème les cowboys, août 2008

CHAPITRE QUATORZE

HEURE DU CIEL

Trois minutes ?

Tandis que Colton, armé d'une épée de plastique, s'apprêtait à se lancer dans un combat héroïque contre un méchant invisible, je m'émerveillais de sa réponse.

Il avait déjà authentifié son expérience en me disant des choses qu'il n'avait aucun autre moyen de savoir. Je devais toutefois maintenant concilier sa réponse, « trois minutes », avec tout le reste. J'ai baissé les yeux sur ma bible, ouverte sur la table de cuisine, et j'ai retourné les possibilités dans mon esprit.

Trois minutes. C'était impossible que Colton puisse voir et faire tout ce qu'il avait décrit jusqu'ici en seulement trois minutes. Bien entendu, il n'était pas encore assez vieux pour dire l'heure, si bien qu'il se peut que sa conception de trois *vraies* minutes ait différé de celle d'un adulte. Comme la plupart des parents, j'étais tout à fait certain que Sonja et moi ne simplifiions pas les choses en promettant de raccrocher le téléphone, par exemple, ou de mettre fin à une conversation dans le jardin avec un voisin, ou encore de terminer un travail dans le garage en « cinq minutes de plus », mais en nous exécutant *vingt* minutes plus tard.

C'était également possible que le temps au ciel ne corresponde pas au temps sur la terre. La Bible dit que, pour le Seigneur, « un jour est comme mille ans et mille ans sont comme un jour[1] ». Certaines personnes interprètent ce verset comme une équation littérale, comme si deux jours équivalaient à deux mille ans. Je l'ai toujours compris dans le sens où Dieu opère en dehors de notre compréhension du temps. Le temps sur la terre est réglé selon une horloge céleste gouvernée par le système solaire. La Bible dit toutefois qu'il n'y a pas de soleil au ciel, car Dieu en est la lumière. Peut-être n'y a-t-il pas de temps non plus au ciel. Du moins pas comme nous le comprenons.

Par contre, la réponse de « trois minutes » de Colton était aussi directe et neutre que s'il m'avait dit qu'il avait mangé des céréales au petit déjeuner. Selon notre horloge, il ne pouvait avoir raison. Pour qu'il quitte son corps et y retourne, il ne pouvait pas s'être absenté longtemps. Surtout que l'on ne nous avait jamais laissé entendre que Colton avait été cliniquement mort à un moment ou à un autre. En fait, le rapport postopératoire était clair quant au fait que, même si le pronostic au sujet de notre fils avait été sombre, la chirurgie s'était parfaitement bien déroulée :

RAPPORT CHIRURGICAL
DATE D'OPÉRATION : 5 / 3 / 2003
DIAGNOSTIC PRÉOPÉRATOIRE : Appendicite aiguë
DIAGNOSTIC POSTOPÉRATOIRE : Appendicite
    perforante et abcès
OPÉRATION : Appendicectomie et drainage de l'abcès
CHIRURGIEN : Timothy O'Holleran, M.D.
DESCRIPTION DE L'OPÉRATION : Le patient était en position couchée sur la table d'opération. Il était sous anesthésie générale. Nous avons préparé l'abdomen et l'avons couvert d'un drap stérile. Une incision transversale a été pratiquée dans le quadrant inférieur droit à travers toutes les couches de la cavité péritonéale. [...] Le patient avait une appendicite perforante et un abcès. L'appendice a été retiré du champ opératoire.

Une pensée m'a alors frappé comme une tonne de briques : *Colton n'est pas mort.*

Comment pouvait-il être allé au ciel s'il n'était pas mort? Quelques jours se sont écoulés pendant que je tournais et retournais tout cela dans ma tête. Il n'y avait environ qu'une semaine que Colton nous avait parlé des anges pour la première fois, si bien que je refusais d'insister sur cette histoire de ciel. Comme je n'en pouvais plus, cependant, j'ai fini par chercher Colton dans toute la maison jusqu'à ce que je le trouve, agenouillé dans la chambre à coucher que nous avions convertie en salle de jeu en train de construire une tour de LEGO. Je me suis appuyé contre le châssis de porte et j'ai attiré son attention.

« Hé! Colton, je ne comprends pas », ai-je commencé.

Il a levé les yeux vers moi, et j'ai remarqué pour la première fois que son visage avait retrouvé toute sa rondeur, qu'il avait les joues de nouveau bien remplies et rosées, après que la maladie les avait eu creusées et blêmies. « Quoi? »

« Tu dis que tu es allé au ciel. Les gens doivent mourir pour aller au ciel. »

Le regard de Colton n'a pas vacillé. « OK d'abord, je suis mort. Mais juste un petit peu. »

Mon cœur a bondi dans ma poitrine. Si vous n'avez jamais entendu votre enfant d'âge préscolaire vous dire qu'il était mort, c'est plutôt saisissant. Colton n'était néanmoins pas mort. Je sais ce que le rapport médical disait. Colton n'avait jamais cessé de respirer. Son cœur n'avait jamais cessé de battre.

Je suis resté là dans le châssis de la porte à retourner ce nouveau détail croustillant dans ma tête, tandis que Colton reportait son attention sur ses jouets. Puis je me suis rappelé que, dans plusieurs passages, la Bible parle de gens ayant vu le ciel *sans* mourir. L'apôtre Paul a écrit à l'Église de Corinthe au sujet d'un chrétien qu'il connaissait personnellement et qui avait été ravi au ciel : « (Je ne sais pas s'il fut réellement enlevé ou s'il eut une vision, Dieu seul le sait.) Oui, je sais que cet homme fut enlevé jusqu'au paradis [...] et là il entendit des paroles inexprimables et qu'il n'est permis à aucun être humain de répéter[2]. »

Et puis, bien entendu, il y a eu l'apôtre Jean, qui a décrit le ciel de manière très détaillée dans le livre de l'Apocalypse. Jean avait été exilé sur l'île de Patmos, où un ange lui était apparu et lui avait commandé de mettre par écrit une série de prophéties adressées à diverses Églises. Voici ce qu'il a écrit :

Après cela, j'eus une autre vision : je vis une porte ouverte dans le ciel. La voix que j'avais entendue me parler auparavant, celle qui résonnait comme une trompette, me dit : « Monte ici, et je te montrerai ce qui doit arriver ensuite. » Aussitôt, l'Esprit se saisit de moi. Et là, dans le ciel, se trouvait un trône. Sur ce trône quelqu'un siégeait ; il avait l'éclat resplendissant de pierres précieuses de jaspe et de sardoine. Le trône était entouré d'un arc-en-ciel qui brillait comme une pierre d'émeraude[3].

Des arcs-en-ciel… où avais-je donc entendu parler d'eux dernièrement ?

Tandis que je me tenais là à réfléchir au fondement scripturaire d'une expérience céleste faite sans passer par la mort, j'ai pris conscience que Colton, en me disant qu'il était mort « mais juste un petit peu », avait simplement cherché à faire correspondre l'affirmation de son pasteur-papa à ce qu'il savait être les faits entourant sa propre expérience. C'était un peu comme marcher dehors et découvrir que la rue est mouillée, et en conclure qu'en fait, OK, il a dû pleuvoir.

Vous voyez, j'avais cette petite case bien rangée dans ma tête qui me disait : « Les gens doivent mourir pour aller au ciel », et voilà que Colton, qui me faisait confiance, en venait à la conclusion suivante : « Eh bien, j'ai dû mourir alors, parce que j'y étais. »

Soudain, il s'est fait entendre de nouveau : « Papa, te rappelles-tu quand j'ai crié à l'hôpital pour que tu viennes quand je me suis réveillé ? »

Comment pouvais-je l'oublier ? C'était le son le plus doux à être parvenu jusqu'à mes oreilles de toute ma vie. « Bien sûr que je me souviens », lui ai-je répondu.

« Si je criais, c'est parce que Jésus est venu me chercher. Il m'a dit que je devais revenir parce qu'il répondait à ta prière. C'est pour ça que je criais pour que tu viennes. »

Soudain, je me suis senti les genoux faiblir sous moi. J'ai repensé tout de suite aux prières que j'avais faites quand j'étais seul, à fulminer contre Dieu, et à mes prières dans la salle d'attente, tranquilles et désespérées. Je me suis souvenu à quel point j'étais affolé, à l'agonie en me demandant si Colton survivrait à la chirurgie, s'il vivrait assez longtemps pour que je revoie son précieux visage. Ces quatre-vingt-dix minutes avaient été les plus longues et les plus sombres de ma vie.

Et Jésus a répondu à ma prière ? Personnellement ? Même si je lui avais crié après, je l'avais réprimandé, j'avais douté de sa sagesse et de sa fidélité ?

Pourquoi Dieu se donnerait-il même la peine de répondre à une prière comme celle-là ? Et comment avais-je pu mériter sa miséricorde ?

CHAPITRE QUINZE

UNE CONFESSION

Les premières semaines de juillet, la canicule s'est installée dans les plaines, nourrissant les champs de maïs de la chaleur étouffante d'une serre géante. Un ciel bleu cendré surplombait Imperial presque tous les jours, l'air bourdonnait du chant des moustiques dans les rayons du soleil et de celui des grillons dans les rayons de lune. Vers la mi-juillet, je me suis rendu en voiture à Greeley, au Colorado, pour la conférence de district de la Wesleyan. Le rassemblement d'environ cent cinquante pasteurs, femmes de pasteur et délégués du Nebraska et du Colorado se tenait à l'église dont Steve Wilson était le pasteur – la même église où j'avais assisté au service en mars alors que Sonja était restée chez les Harris pour prendre soin de Colton lorsque nous pensions tous qu'il avait contracté une grippe intestinale.

Les catholiques romains pratiquent la confession en tant que sacrement, lors duquel ils avouent à un prêtre leurs péchés et leurs manquements. Les protestants pratiquent également la confession, mais de manière un peu moins formelle, souvent en se confiant à Dieu sans passer par un intermédiaire. La révélation récente de Colton selon laquelle mes prières marquées par la rage étaient directement montées au ciel – et avaient reçu une réponse tout aussi directe – m'a donné le sentiment d'avoir des choses à confesser publiquement.

Je ne me sentais pas bien de m'être mis dans une telle colère contre Dieu. Quand j'étais dans tous mes états, que je brûlais d'une colère que je croyais justifiée parce que Dieu était sur le point de me prendre mon enfant, devinez qui tenait mon enfant dans ses bras ? Devinez qui prodiguait son amour à mon enfant, dans l'invisible ? Étant pasteur, je me sentais le devoir d'avouer mon propre manque de foi aux autres pasteurs. Si bien que, durant la conférence à la Wesleyan de Greeley, j'ai demandé à Phil Harris, le directeur de notre district, si l'on pouvait m'accorder quelques minutes pour que je témoigne d'une chose.

Il me l'a permis et, le temps venu, je me suis levé devant mes pairs dans le sanctuaire qui accueillait les dimanches matin environ mille personnes. Après avoir brièvement informé tout le monde de l'état de santé de Colton, j'ai remercié ces hommes et ces femmes de leurs prières en faveur de notre famille. Puis j'ai amorcé ma confession.

« La plupart d'entre vous savent qu'avant que quoi que ce soit n'arrive à Colton, je m'étais cassé la jambe, j'avais eu des calculs rénaux et puis j'avais subi une lumpectomie. J'avais vécu une année tellement mauvaise que certaines personnes s'étaient mises à m'appeler Pasteur Job. »

De doux éclats de rire ont alors retenti dans le sanctuaire.

« Mais rien de tout cela ne m'a fait aussi mal que de voir ce que Colton traversait, et je me suis vraiment mis en colère contre Dieu, ai-je poursuivi. Je suis un gars. Et les gars *font* quelque chose. Et tout ce que j'avais l'impression de pouvoir faire, c'était de crier après Dieu. »

J'ai brièvement décrit mon attitude dans la petite pièce de l'hôpital, comment j'avais fulminé contre Dieu, je l'avais blâmé pour l'état de Colton, je m'étais plaint de la manière dont il avait choisi de traiter l'un de ses pasteurs, comme s'il devait pour une raison ou pour une autre m'éviter des ennuis sous prétexte que je faisais « son » œuvre.

« À ce moment-là, où je me sentais tellement vexé et outré, croiriez-vous que Dieu a choisi de répondre à cette prière-là ?

ai-je dit. Croiriez-vous possible que je fasse une prière semblable et que Dieu l'exauce quand même ?»

Quelle leçon avais-je tirée de tout cela ? Je m'étais fait rappeler une fois de plus que je pouvais me montrer vrai avec Dieu, ai-je déclaré aux autres pasteurs. J'ai appris que je n'étais pas obligé d'offrir une sorte de prière archireligieuse qui semble empreinte de sainteté pour me faire entendre au ciel. «Autant dire à Dieu ce qu'on pense réellement, ai-je déclaré, puisqu'il le sait déjà de toute façon.»

Le plus important de tout ce que j'ai appris, c'est que *je suis entendu*. Nous le sommes tous. J'étais chrétien depuis l'enfance et pasteur depuis la moitié de ma vie, si bien que je le croyais auparavant. Mais maintenant, je le *savais*. Comment ? Tandis que les infirmières emmenaient mon fils sur une table à roulettes pendant qu'il hurlait : «Papa, nooon ! Pars pas !»… quand j'étais en colère contre Dieu parce que je ne pouvais pas me rendre auprès de mon fils, le tenir dans mes bras et le réconforter, le Fils de Dieu tenait mon fils sur ses genoux.

CHAPITRE SEIZE

PAPI

En une certaine journée inondée de soleil du mois d'août, le petit Colton alors âgé de quatre ans est monté s'installer sur le siège du passager de ma camionnette rouge, et nous sommes partis ensemble pour Benkelman. Je devais m'y rendre pour soumissionner des travaux et j'ai décidé de prendre Colton avec moi. Il ne s'intéressait pas particulièrement à l'installation de portes de garage de taille industrielle. Il se plaisait cependant à se promener dans ma Chevy au diesel parce que, contrairement à l'Expedition à bord duquel il avait une vue réduite depuis la banquette arrière, son siège de voiture y était surélevé, ce qui lui permettait de tout voir.

Benkelman est une petite ville agricole située à une soixantaine de kilomètres au sud d'Imperial. Fondée en 1887, sa population décline à mesure que la technologie élimine des emplois agricoles et que les gens partent vivre dans de plus grandes villes pour y chercher du travail, comme c'est le cas de beaucoup de collectivités du Nebraska rural. Nous sommes passés devant les usines bien connues de fertilisant et de pommes de terre situées à l'extrémité est d'Imperial, puis nous avons tourné vers le sud en direction d'Enders Lake. Nous sommes également passés devant le terrain de golf municipal parsemé de cèdres à gauche, puis sur un barrage de béton à droite duquel le lac brillait. Colton a baissé les yeux sur un hors-bord qui tirait un skieur dans son sillage mousseux. Nous avons traversé le barrage, nous sommes descendus dans une vallée et nous avons remonté pour emprunter le bout de grande route à deux voies conduisant directement vers le sud. Nous étions maintenant entourés d'hectares de terres agricoles couvertes de plants de maïs de deux mètres de hauteur et d'un vert vif contre le ciel, la route asphaltée sillonnant les champs comme une lame.

Soudain, Colton a pris la parole. «Papa, tu avais un grand-papa que tu appelais papi, hein?»

«Ouais, tout à fait», lui ai-je répondu.

«C'était le papa de ta maman ou le papa de ton papa?»

«Papi était le père de ma mère. Il est mort quand j'étais à peine plus vieux que toi.»

Colton a souri. «Il est vraiment gentil.»

Je suis passé à un cheveu de faire une embardée dans le champ de maïs. On a l'impression de perdre la raison quand son fils utilise le temps présent pour désigner une personne étant morte un quart de siècle avant sa naissance. Je me suis tout de même efforcé de garder mon sang-froid. «Alors, tu as vu papi?» lui ai-je demandé.

«Ouais, je suis resté avec lui au ciel. Tu étais vraiment proche de lui, hein, papa?»

«Oui, en effet.» C'est tout ce que j'ai trouvé le moyen de lui dire. J'avais la tête qui tournait. Colton venait d'aborder un tout nouveau sujet: les gens que nous avons perdus, et nos retrouvailles au ciel. Si fou que cela puisse paraître, avec tous ses propos au sujet de Jésus, de son cheval et des anges, il ne m'était même pas venu à l'esprit de lui demander s'il avait rencontré quelqu'un que j'avais peut-être *moi-même* connu. Mais, au fond, pourquoi l'aurais-je fait? Nous n'avions perdu aucun membre de la famille ou ami depuis la naissance de Colton, qui y aurait-il donc eu à rencontrer là-haut?

Et maintenant ceci. J'ai dû conduire encore seize kilomètres en direction de Benkelman, avec des pensées m'assaillant l'esprit. En peu de temps, des champs bien carrés de chaume de blé ont commencé à segmenter les champs de maïs.

Je ne voulais pas refaire la même erreur que j'avais faite en lui mettant des idées dans la tête – que les gens devaient mourir, par exemple, avant d'être admis au ciel. Je ne voulais pas qu'il me serve simplement des trucs pour me faire plaisir. Je voulais connaître la vérité.

À gauche, à un demi-kilomètre de la route, un clocher d'église blanc semblait sortir du maïs. C'était la St. Paul's Lutheran Church, bâtie en 1918. Je me suis demandé ce que les gens de cette bonne vieille église de la région penseraient des choses que notre petit garçon nous racontait depuis un certain temps.

En entrant dans le comté de Dundy, je me suis enfin senti prêt à commencer à poser des questions ouvertes. «Hé! Colton», ai-je lancé.

Il a tourné le regard vers moi en quittant des yeux le faisan qui faisait la course contre nous parmi les rangées de maïs. «Quoi?»

«Colton, à quoi ressemblait papi?»

Un large sourire s'est dessiné sur son visage. «Oh, papa, papi a vraiment des grosses ailes!»

Encore l'utilisation du temps présent. C'était étrange.

Colton a poursuivi. «Mes ailes étaient vraiment petites, mais celles de papi étaient grosses!»

«À quoi ressemblaient ses vêtements?»

«Il avait du blanc, mais c'était bleu ici», a-t-il répondu, en faisant le geste pour décrire l'écharpe une fois de plus.

J'ai donné un coup de volant pour éviter une échelle que quelqu'un avait laissé tomber sur la route, puis je suis revenu au centre de la voie. «Et tu es resté avec papi?»

Colton me l'a confirmé d'un signe de la tête, et ses yeux ont semblé s'illuminer.

«Quand j'étais petit, ai-je dit, je me suis beaucoup amusé avec papi.»

Je n'ai pas dit à Colton pourquoi j'avais passé autant de temps avec papi et ma grand-mère Ellen dans leur ferme d'Ulysses, au Kansas. La triste vérité, c'est que mon père, un chimiste qui travaillait pour Kerr-McGee Petroleum, souffrait d'un trouble bipolaire. Parfois, quand ses crises tournaient au plus mal, ma mère, Kay, une enseignante du primaire, devait faire hospitaliser mon père.

Elle m'envoyait alors chez papi pour me protéger. Je ne me savais pas «expédié» là-bas, je savais simplement que je me plaisais énormément à parcourir la ferme, à courir après les poulets et à chasser le lièvre.

«J'ai passé beaucoup de temps en compagnie de papi à leur propriété en campagne, ai-je dit à Colton. Je montais avec lui sur la moissonneuse-batteuse et le tracteur. Il avait un chien, que nous amenions à la chasse au lièvre.»

Colton a hoché la tête de nouveau : «Ouais, je sais ! Papi me l'a dit.»

Ne sachant pas quoi lui répondre, j'ai dit : «Le chien s'appelait Charlie Brown, et il avait un œil bleu et l'autre brun.»

«Super ! a lancé Colton. On pourrait avoir un chien comme ça?»

J'ai laissé échapper un petit rire. «On verra.»

Mon grand-père, Lawrence Barber, était fermier et il était de ceux qui connaissaient tout le monde et que tout le monde considérait comme un ami. Il commençait la plupart de ses journées avant le lever du jour, se rendant de sa maison de ferme à Ulysses, au Kansas, au café-confiserie de la région pour y échanger des histoires. C'était un homme imposant ; il jouait jadis arrière. Sa femme, grand-mère Ellen (la même qui a envoyé de l'argent pour nous aider à nous acquitter des factures d'hôpital de Colton), disait qu'il faudrait quatre ou cinq footballeurs pour envoyer Lawrence Barber au sol.

Papi était de ceux qui n'allaient à l'église que de temps à autre. Il était plutôt réservé au sujet des choses spirituelles, comme beaucoup d'hommes le sont. J'avais environ six ans lorsqu'il est mort après avoir accidentellement quitté la route tard en soirée. La Crown Victoria de papi avait heurté un poteau électrique, le cassant presque en deux. La moitié supérieure du poteau avait chaviré et était tombée sur le toit de la Crown Victoria, mais l'élan de la voiture avait entraîné papi trois quarts de kilomètre plus loin dans un champ. L'accident avait causé une panne d'électricité dans un parc d'engraissement situé un peu plus loin dans la direction d'où papi provenait, ce qui avait incité un ouvrier de là-bas à en chercher la cause. Papi avait apparemment survécu à l'accident, parce que les secouristes l'avaient trouvé allongé sur la banquette avant, à essayer d'atteindre la poignée de la portière pour se sortir de la voiture. Lorsqu'il était arrivé en ambulance à l'hôpital, les médecins l'avaient toutefois déclaré mort. Il n'avait que soixante-et-un ans.

Je me rappelle avoir vu ma mère dans l'angoisse lors des funérailles, mais sa tristesse ne s'est pas terminée là. En vieillissant, je la surprenais parfois en train de prier, et des larmes lui coulaient doucement sur les joues. Lorsque je lui demandais ce qui n'allait pas, elle me confiait : « Je m'inquiète parce que je me demande si papi est allé au ciel. »

Nous n'avons découvert que beaucoup plus tard, en 2006, auprès de ma tante Connie, que papi avait assisté à un service particulier deux jours à peine avant sa mort – un service qui avait peut-être des réponses à fournir au sujet de la destinée éternelle de mon grand-père.

C'était le 13 juillet 1975, à Johnson, au Kansas. Ma mère et tante Connie avaient un oncle nommé Hubert Caldwell. J'aimais bien oncle Hubert. Non seulement Hubert était-il un simple prédicateur de campagne, mais il aimait aussi beaucoup parler et c'était facile de lui parler. (Hubert me plaisait également parce qu'il était court, plus court que moi. Il m'arrive tellement rarement d'avoir à baisser les yeux pour m'adresser à quelqu'un que j'en considère la simple occasion comme un privilège.)

Oncle Hubert avait invité papi, Connie et plusieurs autres à assister à des services visant le renouveau de la foi qu'il dirigeait dans sa petite église de campagne. De sa chaire à la Church of God of Apostolic Faith (Église de Dieu de la foi apostolique), Hubert avait terminé sa prédication en demandant si quelqu'un voulait donner sa vie à Christ. Oncle Hubert avait vu papi lever la main. Cette nouvelle n'était toutefois jamais parvenue jusqu'aux oreilles de ma mère, si bien qu'elle s'en était inquiétée par intermittence au cours des vingt-huit années suivantes.

Après notre retour de Benkelman, j'ai téléphoné à ma mère pour lui dire ce que Colton m'avait dit. Nous étions un vendredi. Le lendemain matin, elle est apparue dans notre entrée, après avoir fait tout le trajet en voiture depuis Ulysses afin d'entendre ce que son petit-fils avait à dire au sujet de son père. Nous avons tous été surpris de la voir arriver si rapidement.

« Ça alors, elle a fait le trajet en un temps record ! » a déclaré Sonja.

À table, ce soir-là, Sonja et moi avons écouté Colton parler à sa grand-mère du cheval arc-en-ciel de Jésus et du temps passé en compagnie de papi. Ce qui a le plus étonné ma mère, c'est la façon dont Colton racontait l'histoire : Papi avait reconnu son petit-fils même si Colton était né des décennies après sa mort. Cela a amené ma mère à se demander si ceux qui sont morts avant nous savent ce qui se passe sur la terre. Ou encore, était-ce qu'au ciel nous connaîtrons nos êtres chers – même ceux que nous n'aurons pas eu la chance de connaître ici-bas – selon un moyen, ultérieur à la vie terrestre, de savoir des choses dont nous n'avons pas la possibilité d'être au fait dès maintenant ?

Ensuite, ma mère a posé à Colton une question étrange : « Est-ce que Jésus a dit quoi que ce soit par rapport au fait que ton papa est devenu pasteur ? »

Au moment même où je me demandais en privé pourquoi donc soulever un sujet comme ma vocation, Colton m'a surpris en hochant la tête avec enthousiasme. « Oh, oui ! Jésus m'a dit qu'il est allé dire à papa qu'il voulait que papa devienne pasteur et papa a dit oui, et Jésus était vraiment content. »

C'est tout juste si je ne suis pas tombé de ma chaise. C'était vrai, et je me rappelais nettement le soir où cela s'était produit. J'avais treize ans et je participais à un programme d'été pour la jeunesse à l'Université John Brown à Siloam Springs, en Arkansas. Dans le cadre de l'une des réunions en soirée, le révérend Orville Butcher avait prêché au sujet de la manière dont Dieu appelait les gens au ministère et les utilisait pour accomplir son œuvre partout dans le monde.

Le pasteur Butcher était un prédicateur court, chauve et plein de vitalité – énergique et engageant, tout sauf ennuyeux comme les jeunes s'y attendent parfois de la part d'un pasteur âgé. Ce soir-là, il a lancé un défi aux cent cinquante jeunes : «Il y en a certains ici ce soir que Dieu pourrait utiliser comme pasteurs et missionnaires.»

Le souvenir de cet instant de ma vie compte parmi les plus limpides, les plus marquants et les plus distincts de tous, comme celui où l'on termine le lycée ou celui de la naissance de son premier enfant. Je me rappelle que la foule des jeunes avait disparu à mes yeux et que la voix du révérend s'était mariée au bruit de fond. J'avais alors ressenti une pression dans mon cœur, presque un murmure : *C'est toi, Todd. C'est ce que je veux que tu fasses.*

Il n'y avait pas l'ombre d'un doute dans mon esprit que je venais d'entendre Dieu. J'étais déterminé à obéir. Je me suis concentré de nouveau sur la voix du pasteur Butcher juste à temps pour l'entendre dire que, si quelqu'un d'entre nous avait entendu Dieu lui parler ce soir-là, si quelqu'un d'entre nous s'était engagé à le servir, il devait le dire à quelqu'un d'autre en rentrant à la maison, de manière à ce qu'au moins une autre personne le sache. Lorsque je suis rentré chez moi après le programme d'été, je suis allé dans la cuisine.

«Maman, ai-je déclaré, quand je serai grand, je serai pasteur.»

Depuis ce jour-là, vieux de quelques décennies, maman et moi nous étions remémorés cette conversation quelques fois, mais nous n'en avions jamais parlé à Colton.

CHAPITRE DIX-SEPT

DEUX SŒURS

Tandis que les journées verdoyantes de l'été cédaient la place à un automne aux couleurs flamboyantes, nous nous sommes entretenus avec Colton au sujet du ciel de temps à autre. Cependant, un certain sujet revenait continuellement : lorsque Colton a vu Jésus au ciel, à quoi Jésus ressemblait-il ? Si ce sujet en particulier revenait souvent, c'est parce qu'en tant que pasteur, j'étais appelé à passer beaucoup de temps dans les hôpitaux, les librairies chrétiennes et d'autres églises – tous des lieux où se trouvent de nombreux dessins et toiles représentant Christ. Comme Sonja et les enfants étaient souvent en ma compagnie, nous en avons fait un genre de jeu. Lorsque nous trouvions une image de Jésus, nous demandions à Colton : « Et celle-ci ? Est-ce que ça ressemble à Jésus ? »

Après avoir jeté un coup d'œil à l'image, Colton nous répondait invariablement d'un signe négatif de sa petite tête. « Non, ses cheveux sont pas comme ça », nous disait-il, ou : « Ses vêtements sont pas comme ça. »

Cette scène s'est produite des dizaines de fois au cours des trois années qui ont suivi. Qu'il s'agisse d'une affiche dans une classe d'école du dimanche, d'une représentation de Christ sur la couverture d'un livre ou de la reproduction d'une toile d'un vieux maître suspendue au mur dans une maison de retraite, la réaction de Colton était toujours la même : il était trop jeune pour décrire avec précision ce qui ne correspondait pas à Jésus dans chaque image ;

il savait simplement qu'aucune d'elles n'était fidèle à l'apparence de Jésus.

Un soir d'octobre, j'étais assis à la table de cuisine, en train de travailler à un sermon. Sonja était tout à côté dans le salon, à travailler aux livres de l'entreprise, à traiter des bons de travail et à trier les factures devant être payées. Cassie jouait à la Barbie à ses pieds. J'ai entendu les pas feutrés de Colton dans le corridor et je l'ai entrevu tandis qu'il contournait le canapé pour se planter directement en face de Sonja.

«Maman, j'ai deux sœurs», a déclaré Colton.

J'ai déposé mon stylo. Sonja ne l'a pas fait. Elle a continué de travailler.

Colton s'est répété. «Maman, j'ai deux sœurs.»

Sonja a alors levé les yeux de sur sa paperasserie et a légèrement secoué la tête. «Non, tu as ta sœur, Cassie, et… tu veux dire ta cousine, Traci?»

«Non» a dit sèchement Colton en insistant délibérément sur le mot. «J'ai deux *sœurs*. Y'a un bébé qui est mort dans ton ventre, hein?»

À l'instant même, le temps s'est arrêté au domicile des Burpo, et Sonja a écarquillé les yeux. À peine quelques secondes plus tôt, Colton avait tenté en vain de capter l'attention de sa mère. Je pouvais toutefois voir même depuis la table de cuisine qu'il avait maintenant toute son attention.

«Qui t'a dit qu'un bébé était mort dans mon ventre?» lui a demandé Sonja, d'un ton de voix sérieux.

«C'est elle qui me l'a dit, maman. Elle m'a dit qu'elle est morte dans ton ventre.»

Puis Colton a tourné les talons et a commencé à s'en aller. Il avait dit ce qu'il avait à dire et il était prêt à passer à autre chose. Après la bombe qu'il venait de lâcher, il ne se rendait pas compte que sa mère ne faisait cependant que commencer à discuter. Avant que notre fils ait le temps de contourner le canapé, la voix de Sonja a retenti comme une sirène d'alarme. *«Colton Todd Burpo, reviens ici tout de suite!»*

Colton a fait volte-face et son regard a croisé le mien. Sur son visage, je pouvais lire : « *Mais qu'est-ce que j'ai fait ?* »

Je savais ce que ma femme devait ressentir. La perte de ce bébé était l'événement le plus pénible de sa vie. Nous l'avions expliqué à Cassie, car elle était plus vieille. Nous n'en avions cependant rien dit à Colton, jugeant le sujet un peu trop difficile à comprendre pour un enfant de quatre ans. Depuis la table, j'ai observé la scène en silence tandis que des émotions se bousculaient sur le visage de Sonja.

Légèrement nerveux, Colton a piteusement contourné de nouveau le canapé et est retourné se placer devant sa mère, mais cette fois en arborant un air beaucoup moins sûr de lui. « C'est beau, maman, a-t-il dit. Elle va bien. Dieu l'a adoptée. »

Sonja alors s'est laissée glisser du canapé pour s'agenouiller devant Colton de manière à le regarder droit dans les yeux. « Tu veux dire que Jésus l'a adoptée ? » lui a-t-elle demandé.

« Non, maman. Son Papa ! »

Sonja s'est tournée et m'a regardé. À l'instant même, m'a-t-elle dit par la suite, elle a cherché à garder son sang-froid, mais elle se sentait bouleversée. *Notre bébé... était* – est ! *une fille*, s'est-elle dit.

Sonja s'est concentrée sur Colton, et j'entendais les efforts qu'elle faisait pour maîtriser sa voix. « Dis-moi, à quoi ressemblait-elle ? »

« Elle ressemblait beaucoup à Cassie, a répondu Colton. Elle est juste un petit peu plus petite, et elle a les cheveux foncés. »

Les cheveux foncés de Sonja.

Sous mon regard, un mélange de douleur et de joie a traversé le visage de ma femme. Cassie et Colton ont hérité de mes cheveux blonds. Elle s'en était d'ailleurs plainte à la blague par le passé : « C'est moi qui porte ces enfants pendant *neuf mois,* et ils sortent tous les deux te ressemblant ! » Et nous avions maintenant un enfant qui lui ressemblait. Une fille. C'est alors que j'ai vu le premier soupçon de larmes dans les yeux de ma femme.

Colton poursuivait maintenant sans avoir à se le faire demander. « Au ciel, une petite fille est venue me voir en courant, et elle arrêtait pas de me serrer dans ses bras », a-t-il ajouté d'un ton de voix qui indiquait clairement qu'il n'avait pas aimé qu'une *fille* agisse ainsi envers lui.

« Peut-être qu'elle était simplement heureuse que quelqu'un de sa famille soit là, a suggéré Sonja. Les filles serrent les autres dans leurs bras. Quand elles sont heureuses, c'est ce qu'elles font. »

Colton ne semblait pas convaincu.

Son regard s'étant illuminé, Sonja a demandé : « Comment s'appelait-elle ? Quel était le nom de la petite fille ? »

Colton a semblé oublier toutes les accolades désagréables propres aux filles pendant un moment. « Elle a pas de nom. Vous lui en avez pas donné. »

Comment pouvait-il le savoir ?

« Tu as raison, Colton, lui a dit Sonja. Nous ne savions même pas que c'était une fille. »

Puis Colton a dit quelque chose qui me retentit encore dans les oreilles : « Ouais, elle a dit qu'elle a très hâte de vous voir au ciel toi et papa. »

Depuis la table de cuisine, je pouvais voir que Sonja parvenait à peine à se contenir. Elle a embrassé Colton et lui a dit qu'il pouvait aller jouer. Et une fois qu'il a eu quitté la pièce, des larmes ont ruisselé sur les joues de Sonja.

« Notre bébé va bien, a-t-elle murmuré. Notre bébé va bien. »

Dès lors, la blessure que nous avait causée l'un des épisodes les plus douloureux de notre vie, la perte d'un enfant que nous avions tant désiré, a commencé à guérir. Pour moi, la perte de cet enfant avait été un coup terrible. Sonja m'avait toutefois dit que, pour elle, cette fausse-couche lui avait non seulement marqué le cœur du sceau de la mort, mais encore elle avait représenté à ses yeux un genre d'échec personnel.

« Tu fais toutes les bonnes choses, tu manges toutes les bonnes choses et tu pries pour la santé du bébé, mais ce petit bébé meurt quand même en toi, m'avait-elle dit un jour. Je me sens coupable. Je sais bien que ce n'était pas de ma faute, mais je vis malgré tout avec cette culpabilité. »

Nous voulions croire que notre enfant à naître était allé au ciel. Même si la Bible ne dit pas grand-chose à ce sujet, nous l'avions accepté par la foi. Maintenant, nous avions cependant un témoin oculaire : une fille que nous n'avions jamais connue nous attendait impatiemment dans l'éternité. Dès lors, Sonja et moi avons commencé à nous taquiner pour savoir qui irait au ciel en premier. Elle avait plusieurs raisons d'avoir toujours voulu survivre à mon décès. Entre autres choses, la femme d'un pasteur doit supporter d'être souvent citée en exemple dans les sermons. Si je mourais le premier, m'a-t-elle toujours dit, elle aurait enfin la possibilité de raconter à la congrégation toutes *ses* anecdotes à *mon* sujet.

Toutefois, Sonja avait maintenant une raison de vouloir aller au ciel la première. Lorsqu'elle portait l'enfant que nous avons perdu, nous avions choisi un nom de garçon – Colton –, mais nous n'étions jamais parvenus à nous entendre sur le choix du nom d'une petite fille. J'aimais Kelsey, elle aimait Caitlin, et ni l'un ni l'autre n'était prêt à capituler.

Cependant, maintenant que nous savons que notre petite fille n'a pas encore de nom, nous nous disons constamment l'un à l'autre : « C'est moi qui vais arriver au ciel en premier et qui vais lui donner un nom ! »

CHAPITRE DIX-HUIT

LA SALLE DU TRÔNE DE DIEU

Un soir de l'année 2003, peu avant Noël, j'ai suivi Colton dans sa chambre à l'heure du coucher. Selon notre routine habituelle, il a choisi une histoire de la Bible pour que je la lui lise et, ce soir-là, c'était *The Wise King and the Baby* (Le roi sage et le bébé). Cette histoire portait sur celle tirée du livre 1 Rois dans laquelle deux femmes vivent sous le même toit et chacune met un fils au monde. Durant la nuit, l'un des bébés meurt. Accablée de chagrin, la mère du bébé mort tente de faire passer le fils de l'autre pour le sien. La véritable mère du petit garçon vivant tente de convaincre la mère endeuillée de la vérité, mais sans parvenir à la persuader de renoncer au bébé vivant. Désespérant de ravoir son enfant, la mère du garçon vivant suggère que le roi Salomon, bien connu pour sa sagesse, tranche la question et détermine qui est la mère du poupon en vie. Dans l'histoire biblique, le roi Salomon trouve le moyen de découvrir ce qu'il y a dans le cœur de chacune de ces femmes.

«Coupez l'enfant en deux! Donnez-en la moitié à chacune des femmes», ordonne le roi.

La mère endeuillée accepte cette solution, mais la vraie mère révèle son amour en s'écriant: «Non! Qu'on lui donne l'enfant!» C'est ainsi que le roi sage a su quelle mère disait la vérité, et c'est de là que nous vient l'expression «un jugement de Salomon».

Une fois ma lecture terminée, Colton a gentiment tenté comme toujours de me convaincre de lui relire l'histoire (plusieurs fois). Cette fois-ci, j'ai eu gain de cause. Tandis que nous nous agenouillions par terre pour prier, j'ai mis le livre de côté sur la moquette, et il est tombé ouvert sur une image qui illustrait le roi Salomon assis sur son trône. Je me suis alors souvenu que la Bible parle du trône de Dieu dans plusieurs passages. Par exemple, l'auteur de l'épître aux Hébreux exhorte les croyants comme suit : « Approchons-nous donc avec confiance du trône de Dieu[1] » et nous dit que, depuis qu'il a terminé son œuvre sur la terre, Jésus « siège à la droite du trône de Dieu[2] ». Et puis il y a le glorieux chapitre du livre de l'Apocalypse qui décrit ainsi le trône de Dieu :

> Et je vis la ville sainte, la nouvelle Jérusalem, qui descendait du ciel, envoyée par Dieu, prête comme une épouse qui s'est faite belle pour aller à la rencontre de son mari. J'entendis une voix forte qui venait du trône et disait : « Maintenant la demeure de Dieu est parmi les hommes ! Il demeurera avec eux et ils seront ses peuples. Dieu lui-même sera avec eux, il sera leur Dieu. Il essuiera toute larme de leurs yeux. Il n'y aura plus de mort, il n'y aura plus ni deuil, ni lamentations, ni douleur. En effet, les choses anciennes auront disparu. »
>
> Alors celui qui siège sur le trône déclara : « Maintenant, je fais toutes choses nouvelles. » [...]
>
> Je ne vis pas de temple dans cette ville, car elle a pour temple le Seigneur, le Dieu tout-puissant, ainsi que l'Agneau. La ville n'a besoin ni du soleil ni de la lune pour l'éclairer, car la gloire de Dieu l'illumine et l'Agneau est sa lampe[3].

« Hé ! Colton, quand tu étais au ciel, as-tu vu le trône de Dieu ? » lui ai-je demandé en m'agenouillant à ses côtés.

Colton m'a regardé d'un air interrogateur. « C'est quoi un trône, papa ? »

J'ai ramassé le livre d'histoires bibliques et j'ai désigné du doigt l'image de Salomon siégeant à sa cour. « Un trône, c'est comme la chaise du roi. C'est la chaise sur laquelle seul le roi peut s'asseoir.»

«Ouais! Je l'ai vu beaucoup de fois!» a répondu Colton.

Mon cœur s'est mis à battre un peu plus vite. Allais-je réellement avoir un aperçu de la salle du trône du ciel? «Dis-moi, à quoi ressemblait le trône de Dieu?»

«Il était gros, papa… *vraiment, vraiment* gros, parce que Dieu, il est plus grand que tout le monde. Et il nous aime vraiment, vraiment, papa. Tu *croiiirais* pas combien il nous aime!»

Lorsqu'il m'a dit cela, un contraste m'a frappé : Colton, un petit garçon, parlait d'un être aussi grand, mais dans le même souffle, il parlait de l'amour. Tout d'abord, la taille de Dieu ne faisait manifestement pas peur à Colton, mais c'était également intéressant de constater que, même s'il désirait tellement me parler de ce à quoi Dieu *ressemblait,* il désirait tout autant me dire ce que Dieu *ressentait* à notre égard.

«Et tu savais que Jésus est assis juste à côté de Dieu? La chaise de Jésus est juste à côté de la chaise de son Papa!» m'a-t-il informé avec enthousiasme.

Cette déclaration m'a sidéré. Un enfant de quatre ans n'a aucun moyen de savoir ces choses. C'était un autre de ces moments où je me suis dit : *Il faut qu'il l'ait vu.*

Je suis à peu près certain qu'il n'avait jamais encore entendu parler de l'épître aux Hébreux, mais il y avait un moyen de le découvrir.

«Colton, de quel côté du trône de Dieu Jésus était-il assis?» lui ai-je demandé.

Colton a grimpé sur le lit et m'a fait face, agenouillé. «Disons que tu es assis sur le trône de Dieu. Jésus était assis juste ici», m'a-t-il dit en désignant ma droite.

Un passage de l'épître aux Hébreux m'a traversé l'esprit : «Gardons les yeux fixés sur Jésus, dont notre foi dépend du commencement à la fin. Il a accepté de mourir sur la croix, sans tenir compte de la honte attachée à une telle mort, parce qu'il avait en vue la joie qui lui était réservée ; et maintenant il siège à la droite du trône de Dieu[4].»

Ça alors ! C'était l'une des rares fois où j'avais comparé les souvenirs de Colton à ce que dit la Bible, et il avait réussi le test sans sourciller. J'avais toutefois une autre question, dont je ne connaissais pas la réponse, du moins pas une réponse provenant de la Bible.

« Dis-moi, qui est assis de l'autre côté du trône de Dieu ? » me suis-je informé.

« Oh, c'est facile, papa. C'est là que l'ange Gabriel est. Il est vraiment gentil. »

Gabriel. Ça a du sens. Je me suis rappelé l'histoire de Jean-Baptiste et la fois où Gabriel était venu annoncer la naissance à venir de Jean-Baptiste.

Mais l'ange lui dit : « N'aie pas peur, Zacharie, car Dieu a entendu ta prière : Élisabeth, ta femme, te donnera un fils que tu nommeras Jean. Tu en seras profondément heureux et beaucoup de gens se réjouiront au sujet de sa naissance. Car il sera un grand serviteur du Seigneur. » [...]

Mais Zacharie dit à l'ange : « Comment saurai-je que cela est vrai ? Car je suis vieux et ma femme aussi est âgée. »

Et l'ange lui répondit : « Je suis Gabriel ; je me tiens devant Dieu pour le servir ; il m'a envoyé pour te parler et t'apporter cette bonne nouvelle[5]. »

« *[Je]* me tiens devant Dieu pour le servir », Gabriel a-t-il dit à Zacharie. Et maintenant, plus de deux mille ans après, mon petit garçon me disait la même chose.

J'avais ainsi reçu un aperçu de la salle du trône de Dieu, mais les descriptions de Colton me faisaient me poser une autre question : Si Dieu le Père était assis sur son trône avec Jésus à sa droite et Gabriel à sa gauche, où était Colton ?

Colton s'était déjà glissé entre ses draps, ses cheveux blonds pelotonnés dans sa taie d'oreiller Spider-Man. « Où étais-tu assis, Colton ? » lui ai-je demandé.

« On a amené une petite chaise pour moi, a-t-il dit en souriant. Je me suis assis à côté de Dieu le Saint-Esprit. Tu savais que Dieu est trois personnes, papa ? »

« Ouais, je pense bien savoir celle-là », lui ai-je répondu en souriant.

« J'étais assis à côté de Dieu le Saint-Esprit parce que je priais pour toi. Tu avais besoin du Saint-Esprit, alors j'ai prié pour toi. »

Cette parole m'a coupé le souffle. Colton me disant qu'il priait pour moi au ciel m'a rappelé l'épître aux Hébreux, où l'auteur dit : « Quant à nous, nous sommes entourés de cette grande foule de témoins […] courons résolument la course qui nous est proposée[6]. »

« À quoi Dieu ressemble-t-il, Dieu le Saint-Esprit ? » ai-je demandé.

Colton a froncé les sourcils. « Ça, c'est pas facile… il est comme bleu. »

Tandis que je m'efforçais de me représenter ces choses, Colton a changé de sujet de nouveau. « Tu sais, c'est là que j'ai rencontré papi. »

« Tu as rencontré papi assis à côté du Saint-Esprit ? »

Colton l'a confirmé d'un signe énergique de la tête, en souriant de ce qui semblait être un agréable souvenir. « Ouais. Papi est venu me dire : "Est-ce que Todd est ton papa ?" Et j'ai dit oui. Et papi a dit : "C'est mon petit-fils." »

Combien de fois, quand je présidais des funérailles, les gens dans le deuil avaient-ils récité les mêmes platitudes bien intentionnées habituelles : « Eh bien, elle est dans un meilleur endroit », « On sait qu'il nous regarde de là-haut en souriant » ou : « Tu vas le revoir. » Bien entendu, je croyais ces choses en théorie, mais pour tout dire, je ne parvenais pas à me les représenter. Ici, avec ce que Colton avait dit au sujet de papi et de sa sœur, je me suis mis à penser au ciel de manière différente. Ce n'était pas simplement un endroit où il y avait des portes garnies de perles, des rivières chatoyantes et des rues en or, mais également où régnaient la joie et la communion fraternelle, tant pour ceux qui sont dans l'éternité que pour ceux qui sont encore ici-bas, dont l'arrivée est impatiemment attendue. Un endroit où je pourrais un jour marcher et parler avec mon grand-père qui était si cher à mon cœur et avec la fille que je n'avais jamais connue.

De tout mon cœur, je voulais croire. À ce moment-là, les détails de nos conversations ont commencé à s'accumuler dans mon esprit comme une pile de photos du ciel semblant étrangement conformes aux descriptions disponibles à tout le monde dans la Bible – j'entends, à tous ceux d'entre nous qui savent *lire*. Ces détails, étant néanmoins obscurs pour la plupart des adultes, l'étaient beaucoup moins pour un enfant du jeune âge de Colton. La nature de la Trinité, le rôle du Saint-Esprit, le fait que Jésus soit assis à la droite de Dieu.

Je croyais, mais comment pouvais-je en avoir la certitude ?

J'ai lissé la couverture de Colton sur sa poitrine et je l'ai douillettement bordé comme il aimait l'être, et pour la première fois depuis qu'il s'était mis à parler du ciel, j'ai délibérément tenté de le prendre en faute. « Je me rappelle t'avoir entendu dire que tu étais resté avec papi, lui ai-je dit. Dis-moi, quand il a fait noir au ciel et que tu es rentré à la maison avec papi, qu'est-ce que vous avez fait ? »

Colton a soudain pris un air sérieux et renfrogné. « Il fait pas noir au ciel, papa ! Qui t'a dit *ça* ? »

J'ai tenu mon bout. « Qu'est-ce que tu veux dire par "il fait pas noir" ? »

« Dieu et Jésus éclairent le ciel. Il fait jamais noir. Il fait toujours clair. »

S'est fait prendre qui croyait prendre. Non seulement Colton ne s'était pas laissé prendre au piège du « quand il a fait noir au ciel », mais encore il a su me dire pourquoi il n'y faisait pas noir : « La ville n'a besoin ni du soleil ni de la lune pour l'éclairer, car la gloire de Dieu l'illumine et l'Agneau est sa lampe[7]. »

CHAPITRE DIX-NEUF

JÉSUS AIME VRAIMENT LES ENFANTS

Pendant des mois, vers la fin de 2003 et le début de 2004, il y a certaines choses sur lesquelles Colton semblait fixer son attention. Il parlait de la mort et de mourir de manière étrange – *vraiment* étrange – pour un enfant de son âge. Il s'exprimait également davantage sur ce à quoi le ciel ressemblait. Ces détails nous étaient révélés petit à petit lors des repas, lorsqu'il faisait des courses avec Sonja et moi, et au fil de la vie en général.

Il avait vu les portes du ciel, nous avait-il dit : « Elles étaient en or et il y avait des perles dessus. » La cité céleste était elle-même faite d'un matériau brillant, « comme de l'or ou de l'argent ». Les fleurs et les arbres au ciel étaient « beaux », et il y avait des animaux de toutes les espèces.

Peu importe quels nouveaux détails il nous révélait, Colton avait néanmoins un thème auquel il revenait continuellement : il parlait sans cesse de tout l'amour que Jésus avait pour les enfants. Et je dis bien : *sans cesse.*

Il se levait le matin et me disait : « Hé ! papa, Jésus m'a demandé de te dire qu'il aime vraiment les enfants. »

À table, le soir : « Oublie pas, Jésus aime vraiment les enfants. »

Avant d'aller au lit, tandis que je l'aidais à se brosser les dents :
« Hé ! papa, oublie pas », me disait-il, la bouche pleine de mousse de
dentifrice. « Jésus a dit qu'il aime vraiment, *vraiment* les enfants ! »
Sonja avait droit au même traitement. Elle s'était alors remise
à travailler à temps partiel, et les jours où elle restait à la maison
avec Colton, il n'arrêtait pas de lui rappeler que Jésus aime les
enfants. Tant et si bien que, peu importe quelle histoire biblique
elle ou moi lisions à notre petit évangéliste au coucher – qu'elle
soit tirée de l'Ancien Testament ou du Nouveau Testament, qu'elle
porte sur Moïse, Noé ou le roi Salomon –, Colton terminait la soirée en exprimant le même message : « Jésus aime les enfants ! »

J'ai dû en venir à lui dire : « Colton, on a compris. Tu peux
arrêter, maintenant. Quand je vais aller au ciel, je vais expliquer
la situation à Jésus. Je vais lui dire que tu as fait ton travail. »

Il se peut que nous nous soyons lassés d'entendre Colton nous
dire sans cesse que Jésus aime les enfants, mais il n'en reste pas
moins que ce message a transformé la manière dont nous abordions
le ministère auprès des enfants dans notre Église. Sonja s'était toujours sentie tiraillée entre chanter avec l'équipe de louange durant
les services du dimanche matin et descendre enseigner l'école du
dimanche aux enfants. Et même si elle savait que les statistiques
démontrent que la plupart des gens qui disent croire en Christ ont
commencé à croire en lui à un jeune âge, c'est l'insistance et la
passion avec lesquelles Colton parlait de l'amour de Christ pour
les enfants qui a donné à Sonja un regain d'énergie en faveur de
notre ministère auprès des enfants.

J'ai également redoublé d'audace quand venait le temps de
demander à des membres de l'Église de servir dans le cadre du
ministère auprès des enfants. Au fil des ans, j'avais dû me battre
pour que des gens s'inscrivent comme moniteurs de l'école du
dimanche. Ils refusaient en me disant : « C'était mon tour l'année
dernière » ou : « Je suis trop vieux pour ça. »

Maintenant, quand on me servait ce genre d'excuses, je rappelais gentiment aux gens que Jésus estime manifestement que les
enfants sont précieux – et que, s'il aime les enfants assez pour dire

que les adultes devraient leur ressembler davantage, nous devrions passer plus de temps à les aimer nous aussi.

———*∿∿∿*———

À l'époque, Colton était également devenu obsédé des arcs-en-ciel. Tout ce qu'il disait au sujet des couleurs magnifiques qu'il y avait au ciel nous rappelait, à Sonja et moi, le livre de l'Apocalypse, où l'apôtre Jean parle précisément de l'arc-en-ciel entourant le trône de Dieu[1] et où il décrit le ciel comme une cité en or étincelante :

> La muraille était construite en jaspe, et la ville elle-même était d'or pur, aussi clair que du verre. Les fondations de la muraille de la ville étaient ornées de toutes sortes de pierres précieuses : la première fondation était de jaspe, la deuxième de saphir, la troisième d'agate, la quatrième d'émeraude, la cinquième d'onyx, la sixième de sardoine, la septième de chrysolithe, la huitième de béryl, la neuvième de topaze, la dixième de chrysoprase, la onzième de turquoise et la douzième d'améthyste[2].

Certaines de ces pierres précieuses sont de couleurs familières : le riche violet de l'améthyste, le vert brillant de l'émeraude, l'or translucide de la topaze, le noir abyssal de l'onyx. D'autres pierres sont moins courantes : la chrysoprase, d'un vert pomme. Le béryl se présente en plusieurs couleurs, du rose pâle au vert foncé et à l'aigue-marine.

La description que Jean fait de ces pierres précieuses et rares nous est d'un tel exotisme que nous devons les chercher dans le dictionnaire pour savoir de quelles couleurs elles sont ; les théologiens adultes aiment bien se montrer précis. Cependant, si un enfant voyait toutes ces couleurs, il les résumerait peut-être toutes en un seul mot : arc-en-ciel.

Au printemps 2004, lorsque le plus bel arc-en-ciel que nous ayons vu est apparu au-dessus d'Imperial, nous avons donc fait venir Colton dehors pour qu'il le voie.

Sonja a été la première à le voir. À ce moment-là, elle n'était enceinte que de quelques semaines, portant le bébé que nous considérions maintenant tout à fait comme notre *quatrième* enfant. Par cette journée tiède et ensoleillée, Sonja était allée ouvrir la porte de devant pour laisser entrer l'air frais dans la maison. «Hé! les gars, venez voir ça!» a-t-elle lancé.

Depuis la cuisine, j'ai traversé la salle à manger pour me rendre à la porte avant, et j'ai été saisi à la vue de cet arc-en-ciel si éclatant, aux couleurs si vives, que l'on aurait dit la toile d'un artiste intitulée «L'arc-en-ciel parfait». Ou encore, on aurait dit qu'un enfant ayant reçu une nouvelle boîte de crayons avait illustré son cours de science: rouge, orange, jaune, vert, bleu, indigo, violet. Chaque couleur nettement distincte de la suivante, et tout l'arc-en-ciel brillant contre un ciel parfaitement azuré.

«Est-ce qu'il aurait plu sans que je m'en rende compte?» ai-je demandé à Sonja.

Elle a éclaté de rire. «Je ne crois pas.»

Colton était dans la salle de jeu au bout du corridor. «Hé! Colton, l'ai-je appelé, viens voir ça.»

Il est alors sorti de la salle de jeu et s'est joint à nous sur le perron avant.

«Regarde-moi cet arc-en-ciel, Colton. Il doit bien y avoir un gros trésor au bout de cette merveille», a indiqué Sonja.

Colton a levé le regard de côté sur les couleurs se déployant à travers le ciel.

«Super! J'ai prié pour ça hier», a-t-il déclaré avec un sourire nonchalant.

Puis il a tourné les talons et s'en est retourné s'amuser.

Sonja et moi nous sommes regardés l'un l'autre en voulant dire: *Qu'est-ce qui vient de se passer?* Et plus tard, nous avons reparlé des prières offertes avec la foi pure d'un enfant. «Demandez et vous recevrez», avait dit Jésus. Il a inséré cette instruction dans le cadre de la demande adressée à un père par un enfant désirant obtenir une bénédiction.

Jésus avait dit à la foule réunie pour entendre ses enseignements dans les basses collines de la Galilée : « Y a-t-il quelqu'un parmi vous qui donne à son fils une pierre si celui-ci demande du pain ? ou qui lui donne un serpent s'il demande un poisson ? Tout mauvais que vous êtes, vous savez donner de bonnes choses à vos enfants. À combien plus forte raison, donc, votre Père qui est dans les cieux donnera-t-il de bonnes choses à ceux qui les lui demandent[3] !»

Il y avait un moment que Colton Burpo avait vu un arc-en-ciel, si bien qu'il avait demandé à son Père céleste de lui en envoyer un. La foi d'un enfant. Sonja et moi nous sommes dit que nous en avions peut-être encore long à apprendre auprès de notre fils.

CHAPITRE VINGT

MOURIR ET VIVRE

Au printemps 2004, il y avait un an que Colton avait été hospitalisé. Cette année-là, le Vendredi saint tombait en avril, et tout juste un mois plus tard, Colton allait avoir cinq ans. J'ai toujours aimé le Vendredi saint, parce que je faisais ce que j'appelais une «Communion familiale aller-retour». Je veux dire que je passais quelques heures à l'église, et les familles venaient y prendre la communion ensemble. Elle me plaisait pour différentes raisons. D'abord, elle procurait aux familles de notre Église la possibilité de passer quelques instants particuliers ensemble durant la semaine pascale. De plus, elle me procurait l'occasion de demander aux familles individuelles si elles avaient des requêtes de prières à me soumettre et de prier sur place avec toute la famille.

Ce matin-là, je devais faire quelques courses, si bien que j'ai fait monter Cassie et Colton dans ma camionnette Chevy rouge et j'ai parcouru quelques pâtés de maisons en ville. Étant encore assez petit pour requérir un rehausseur, Colton s'est installé à mes côtés, et Cassie s'est installée sur le siège du passager. Sur Broadway, la rue principale de la ville, je retournais dans ma tête mes responsabilités de la journée, réfléchissant à l'avance au service de la Communion familiale. Puis je me suis rendu compte qu'il s'agissait d'un congé religieux et que j'avais un auditoire captif là même dans la camionnette.

« Hé ! Colton, aujourd'hui, c'est le Vendredi saint, ai-je dit. Sais-tu ce qu'est le Vendredi saint ? »

Cassie s'est mise à sauter assise sur la banquette et à agiter la main comme une élève désirant ardemment répondre à une question. « Oh, je sais ! Je sais ! »

« Je sais pas », a répondu Colton.

J'ai regardé Cassie. « OK, qu'est-ce que le Vendredi saint ? »

« C'est le jour où Jésus est mort sur la croix ! »

« Ouais, c'est bien ça, Cassie. Sais-tu pourquoi Jésus est mort sur la croix ? »

Sur ce, elle a cessé de sauter et s'est mise à réfléchir. Comme elle ne trouvait rien à répondre dans l'immédiat, j'ai dit : « Colton, sais-tu pourquoi Jésus est mort sur la croix ? »

Il a hoché la tête, ce qui m'a un peu surpris.

« OK, pourquoi ? »

« Jésus m'a dit qu'il est mort sur la croix pour qu'on puisse aller voir son Papa. »

Mentalement, j'ai imaginé Jésus, avec Colton sur les genoux, passant outre à tous les diplômes du séminaire, renversant tous les traités de théologie empilés comme des gratte-ciel et réduisant des mots sophistiqués comme *propitiation* et *sotériologie* à quelque chose qu'un enfant pouvait comprendre : « J'ai dû mourir sur la croix pour que les gens sur la terre puissent venir voir mon Père. »

La réponse de Colton à ma question correspondait à la déclaration de la Bonne Nouvelle la plus simple et la plus charmante que j'aie entendue de toute ma vie. J'ai repensé à la différence entre la foi des grands et celle des enfants.

En roulant sur la rue Broadway, j'ai décidé que je préférais la manière de Colton. Pendant quelques minutes, j'ai conduit en silence. Puis je me suis tourné vers lui et je lui ai souri. « Hé ! tu veux prêcher dimanche ? »

—⟋⟋⟍—

Plus tard le même mois, Colton m'a pris par surprise encore une fois. Cette fois-ci, c'était une question de vie ou de mort.

Sonja et moi avons une théorie : du moment où un enfant apprend à marcher jusqu'à sa première année du primaire, l'une des principales tâches des parents consiste à le garder en vie. Pas de fourchette dans la prise électrique. Pas de sèche-cheveux dans la baignoire. Pas de cannette de boisson gazeuse dans le four à micro-ondes. Nous nous en étions bien sortis avec Cassie. Elle avait maintenant sept ans et elle ne représentait plus vraiment un danger pour elle-même et pour les autres. Dans le cas de Colton, par contre, les choses étaient différentes.

Malgré le fait qu'il savait beaucoup de choses, il y en avait une qu'il semblait tout simplement incapable de saisir : si un corps humain rencontre une voiture en mouvement, de mauvaises choses se produisent.

Même s'il était presque prêt à entrer à la maternelle, c'était encore un petit garçon de format compact, ce qui est une jolie façon de dire qu'il tenait de son père et qu'il était court pour son âge. Il était également plein d'énergie et, dès l'instant où nous sortions d'un magasin, il partait à la course en direction de la voiture. Nous étions terrifiés à l'idée que d'autres conducteurs, ne l'apercevant pas, le heurtent en reculant. On aurait dit qu'au moins une ou deux fois par semaine, on devait le sauver in extremis en l'agrippant le long du chemin ou en lui criant : « COLTON, ARRÊTE-TOI ! » et le rattraper par la suite pour le réprimander : « Tu *dois* nous attendre ! Tu *dois* tenir la main de maman ou papa ! »

Un jour, vers la fin d'avril, Colton et moi étions arrêtés au Sweden Creme pour nous offrir une friandise. Le Sweden Creme est le genre de petit restaurant familial qui correspond dans une petite ville aux chaînes de restauration rapide qui ne s'installent jamais chez nous parce que la ville est trop petite. Toutes les petites villes du Nebraska ont un endroit comme celui-là. McCook a Mac's ; Benkelman a Dub's. À Holyoke, le petit bourg situé juste de l'autre côté de la frontière du Colorado, c'est Dairy King. Et ils servent tous la même chose : des paniers hamburgers, des doigts de poulet et des glaces molles.

Ce jour-là, j'ai acheté des cornets de glace à la vanille, un pour Colton et un autre pour moi. Fidèle à lui-même, à notre sortie du restaurant, Colton a pris sa friandise et est parti à la course dans le parking, qui n'est qu'à quelques mètres de la rue Broadway.

Le cœur dans la gorge, j'ai crié : « COLTON, ARRÊTE-TOI ! »

Il a freiné, et je me suis rendu jusqu'à lui en joggant, le visage empourpré, j'en suis certain. « Fiston, tu ne *peux pas faire ça* ! lui ai-je dit. Combien de fois est-ce qu'on te l'a dit déjà ? »

C'est alors que j'ai remarqué un petit tas de fourrure au milieu de la rue Broadway. Saisissant ce que je croyais être une bonne occasion pour enseigner à Colton une leçon, j'ai désigné l'animal du doigt. « Tu vois, ça ? »

En léchant sa glace, Colton a suivi mon doigt des yeux.

« C'est un lapin qui a essayé de traverser la rue, mais qui n'a pas réussi, lui ai-je dit. C'est ce qui risque de t'arriver si tu cours et qu'un conducteur ne te voit pas ! Tu pourrais non seulement te faire blesser, mais tu risques aussi de mourir ! »

Colton a levé les yeux vers moi et a souri de toutes ses dents derrière son cornet. « Oh, super ! a-t-il dit. Ça veut dire que je retournerais au ciel ! »

Me laissant tout simplement tomber la tête, je l'ai secouée, exaspéré. Comment susciter la peur chez un enfant qui ne craint pas la mort ?

J'ai fini par mettre un genou par terre et regarder mon petit garçon. « Tu ne comprends pas, lui ai-je dit. Cette fois-ci, c'est moi qui dois aller au ciel en premier. C'est moi le papa ; toi, tu es l'enfant. Les parents vont en premier ! »

CHAPITRE VINGT ET UN

LA PREMIÈRE PERSONNE QUE VOUS VERREZ

La majeure partie de cet été-là s'est déroulée sans que Colton nous fasse de nouvelles révélations, bien que je sois certain que nous avons joué au jeu « À quoi ressemble Jésus ? » au cours de nos vacances, Colton réfutant chaque fois que Jésus ressemblait à l'image que nous voyions. Sonja et moi en étions rendus au point où, au lieu de lui demander : « Est-ce que celle-ci est la bonne ? » nous lui demandions d'entrée de jeu : « Dis-nous, qu'est-ce qui ne va pas dans celle-ci ? »

Le mois d'août est arrivé, nous apportant l'heure de gloire annuelle d'Imperial, à savoir la foire du comté de Chase. Après la foire de notre État, celle de notre comté est la foire la plus importante de tout l'ouest du Nebraska. À Imperial et dans les petites villes avoisinantes, c'est *l'événement* de l'année. Pendant toute une semaine, vers la fin du mois d'août, la population d'Imperial passe de deux mille à environ quinze mille personnes. Les commerces modifient leurs heures d'ouverture (ou ferment complètement), et les banques ferment même à midi afin que toute la collectivité puisse assister aux concerts (rock le vendredi soir, country le samedi soir), visiter les kiosques commerciaux, faire des tours de manège et se rendre au parc d'attractions situé dans l'immense allée principale.

Chaque année, nous attendons impatiemment de jouir des scènes, des sons et des senteurs de la foire : le maïs soufflé sucré salé, le barbecue et les « tacos amérindiens » (une garniture de taco amoncelée sur une grosse tranche de banique). La musique country flotte dans l'air. La grande roue s'élève au-dessus de tout cela, visible de partout en ville.

Cette foire est un événement tout à fait typique du Midwest, comprenant un concours 4-H lors duquel un juge choisit parmi du bétail de haute qualité le meilleur taureau, le meilleur cheval, le meilleur cochon et autres choses du genre, ainsi que le préféré des enfants : le « Mutton Bustin ». Au cas où vous n'auriez jamais entendu parler de ce genre d'activité, il s'agit d'un rodéo consistant à placer un enfant sur le dos d'un mouton pour qu'il le chevauche le plus longtemps possible sans tomber. Il y a à gagner un énorme trophée pour chaque catégorie d'âge, cinq à sept ans. En fait, le trophée de la première place est généralement plus haut que le petit participant.

Notre foire a certainement la saveur d'appartenance à une petite ville, comme un marchand de limonade l'a découvert à ses dépens. Une année, cet homme a décidé qu'il vendrait plus de sa délicieuse boisson en misant sur une approche de marketing mettant en valeur la poitrine de ses vendeuses. Après une ou deux soirées, plusieurs personnes se sont plaintes des filles en tenue légère composant l'équipe de vente de son kiosque, et quelques citoyens préoccupés ont fini par aller lui dire que les vendeuses de limonade devaient se couvrir davantage. Il semble néanmoins que beaucoup de gens aient fait la queue à son kiosque les premiers soirs.

En août 2004, Sonja et moi avons installé un kiosque dans l'allée principale afin de susciter pour notre commerce de portes de garage l'intérêt des visiteurs de la foire provenant de l'extérieur de la ville. Comme toujours, j'ai cependant dû partager équitablement mon temps entre cette activité commerciale et les soins à apporter à notre congrégation. Par un après-midi chaud de cette semaine foraine, nous étions tous les quatre au kiosque – Sonja et moi, ainsi que les deux enfants – en train de tenir le kiosque, de distribuer des dépliants et de bavarder avec des clients potentiels. Je devais toutefois me rendre en voiture à la maison de santé Imperial Manor située à quelques pâtés de maisons de là pour rendre visite à un homme du nom de Harold Greer.

À l'époque, la fille de Harold, Gloria Marshall, jouait du piano dans l'équipe de louange de notre Église, et son mari, Daniel, était mon adjoint au pastorat et mon directeur de louange. Harold, ayant lui-même été pasteur la majeure partie de sa vie, était dans les quatre-vingts ans et au seuil de la mort. Je savais qu'il ne lui restait plus que quelques heures à vivre et que je devais lui rendre une autre visite afin d'apporter mon soutien à Daniel et à Gloria, et de prier avec Harold au moins une fois de plus.

Quand on est pasteur, sapeur-pompier, entraîneur de lutte et propriétaire de commerce cherchant à jongler avec tout sans rien laisser tomber, on apprend très vite que les enfants sont hautement transportables. Quant à elle, Sonja était femme de pasteur, un emploi à temps plein en soi, en plus d'être mère, enseignante, bénévole à la bibliothèque et secrétaire de notre entreprise familiale. Au fil des ans, nous avions acquis une habitude : si nous *n'allions pas officiellement au travail,* nous prenions un enfant avec nous là où nous allions. Cet après-midi-là à la foire, j'ai donc laissé la responsabilité de notre kiosque commercial à Sonja, alors enceinte de sept mois, et à Cassie ; j'ai attaché Colton dans son siège de voiture à bord de ma camionnette, et je me suis dirigé vers la maison de santé.

Colton a regardé la grande roue tandis que nous quittions le terrain de la foire : «Nous allons voir le papa de Gloria, Harold, à la maison de santé, l'ai-je informé. Il ne va pas bien et il ne lui reste probablement pas beaucoup de temps. Harold a donné sa vie à Jésus il y a longtemps déjà, et il se prépare à aller au ciel.»

Sans détourner le regard de la vue extérieure, Colton m'a dit : «OK, papa.»

La maison de santé est un grand immeuble de plain-pied tentaculaire comportant une immense salle à manger donnant sur le hall, qui abrite également une énorme cage à oiseaux remplie de pinsons qui voltigent et qui gazouillent, amenant généralement l'extérieur à l'intérieur.

En jetant un coup d'œil dans la chambre de Harold, j'y ai vu Daniel et Gloria, ainsi que trois ou quatre membres de leur famille, y compris des femmes que je savais être les autres filles de Harold.

Daniel s'est levé et m'a dit : « Hé ! Pasteur Todd », tandis que je lui serrais la main et l'attirais à moi pour le serrer dans mes bras. Gloria s'est levée à son tour, et je l'ai également serrée dans mes bras. La famille a salué Colton, qui s'est cramponné à ma main en exprimant de timides salutations.

Je me suis tourné vers le lit de Harold et j'ai remarqué qu'il y était parfaitement immobile. Ses inspirations étaient profondes et très espacées. J'avais déjà vu plusieurs hommes et femmes à la toute fin de leur vie. Lorsque leur dernière heure arrive, ils sombrent par intermittence dans l'inconscience et perdent par moment leur lucidité même lorsqu'ils sont éveillés.

Je me suis tourné vers Gloria et lui ai demandé : « Comment va ton père ? »

« Il s'accroche, mais je crois qu'il ne fera plus long feu », m'a-t-elle répondu. Elle arborait un air courageux, mais je voyais bien que son menton tremblait légèrement lorsqu'elle parlait. C'est alors que Harold s'est mis à se plaindre doucement et à se tordre sous le mince drap qui le couvrait. L'une des sœurs de Gloria s'est alors levée et s'est rendue à son chevet, lui a murmuré des paroles réconfortantes, puis est retournée à son siège près de la fenêtre.

Je suis allé me tenir à côté de la tête de Harold, Colton me suivant à la trace comme une petite ombre. Mince et le crâne dégarni, Harold était couché sur le dos, les yeux à peine ouverts, les lèvres entrouvertes. Il inspirait par la bouche et semblait retenir son souffle, comme pour en extraire de force chaque molécule d'oxygène avant d'expirer l'air de ses poumons. J'ai baissé les yeux et j'ai vu Colton fixer Harold du regard, arborant un air des plus calmes et des plus sûrs. J'ai mis la main sur l'épaule du vieux pasteur, j'ai fermé les yeux et j'ai prié à voix haute, en rappelant à Dieu le service de longue date et fidèle de Harold, en demandant que les anges rendent son voyage rapide et sans heurts, et que Dieu reçoive son serviteur avec une grande joie. Lorsque j'ai eu terminé ma prière, je me suis tourné pour aller retrouver la famille. Colton a commencé à traverser la chambre avec moi, puis il a tourné les talons et est retourné auprès de Harold.

Tandis que nous l'observions, Colton a levé la main pour prendre celle de Harold dans la sienne. C'était un moment à l'E. F. Hutton. Tout le monde observait la scène avec intensité et en tendant l'oreille. Le regard résolument tourné vers le visage de Harold, Colton a déclaré : « Tout va bien se passer. La première personne que vous allez voir, c'est Jésus. »

Il avait un ton de voix neutre, comme s'il décrivait quelque chose d'aussi réel et d'aussi connu que la caserne de pompiers de la ville. Daniel et Gloria ont échangé des regards et un sentiment surnaturel m'a envahi. J'étais déjà habitué à entendre Colton parler du ciel, mais il était maintenant devenu un messager, un petit guide touristique pour un voyageur à destination du ciel.

CHAPITRE VINGT-DEUX

PERSONNE N'EST VIEUX AU CIEL

Lorsque papi est mort en 1975, j'ai hérité de certaines choses. J'étais fier de recevoir la petite carabine de calibre 5,6 mm que j'utilisais quand lui et moi allions ensemble chasser le chien de prairie et le lièvre. J'ai également hérité de la boule de quilles de papi et, plus tard, d'un ancien bureau que mon grand-père avait possédé depuis aussi longtemps que ma mère se le rappelait. Avec sa teinte couleur mi-érable, mi-cerisier, c'était un meuble intéressant, premièrement parce qu'il était plutôt petit pour un homme aussi imposant et deuxièmement parce que la partie dans laquelle on insérait la chaise entourait les jambes au lieu d'être à angles droits comme un bureau ordinaire. Lorsque j'étais adolescent et que je me passionnais pour le travail du bois à l'école, j'ai passé de nombreuses heures dans le garage de mes parents à restaurer le bureau de papi. Puis je l'ai installé dans ma chambre, le doux rappel d'un homme étant le sel de la terre.

Depuis que j'ai mis ce bureau à bon usage, je conserve une photo de papi dans le tiroir supérieur gauche et je la sors de temps à autre en souvenir de lui. C'est la dernière photo qui a été prise de mon grand-père ; elle nous le montre à l'âge de soixante-et-un ans, avec les cheveux blancs et des lunettes. Lorsque Sonja et moi nous sommes mariés, le bureau et la photo sont devenus partie intégrante de notre foyer.

Après que Colton s'est mis à parler d'avoir rencontré papi au ciel, j'ai remarqué qu'il mentionnait des détails physiques précis au sujet de l'apparence de Jésus et qu'il décrivait sa petite sœur à naître comme étant « un petit peu plus petite que Cassie, avec les cheveux foncés ». Cependant, lorsque je lui ai demandé à quoi ressemblait papi, Colton parlait surtout de ses vêtements et de la taille de ses ailes. Lorsque je m'enquérais des traits de son visage, il devenait plutôt vague. Je dois avouer que cela me dérangeait un peu.

Un jour, peu après être allé avec lui à Benkelman, j'ai fait venir Colton au sous-sol et j'ai sorti ma précieuse photo de papi du tiroir.

« C'est comme ça que je me rappelle papi », lui ai-je dit.

Colton a pris le cadre, à deux mains, et a fixé la photo du regard pendant environ une minute. J'ai attendu que son visage s'illumine en le reconnaissant, mais cela n'a pas été le cas. En fait, il a froncé les sourcils et a secoué la tête, avant de déclarer : « Papa, personne est vieux au ciel. Et personne porte des lunettes. »

Puis il a tourné les talons et a remonté les escaliers.

Personne est vieux au ciel…

Cette affirmation m'a fait réfléchir. Quelque temps après, j'ai téléphoné à ma mère à Ulysses. « Hé ! aurais-tu des photos de papi quand il était jeune ? »

« Je suis sûre d'en avoir, m'a-t-elle dit. Par contre, je vais devoir fouiller pour les retrouver. Veux-tu que je te les envoie par la poste ? »

« Non, je ne voudrais pas qu'elles se perdent. Fais-m'en simplement copier une et poste-la-moi. »

Plusieurs semaines se sont écoulées. Puis un jour, en ouvrant la boîte à lettres, j'y ai trouvé une enveloppe provenant de ma mère renfermant la photocopie d'une vieille photo en noir et blanc. J'ai appris plus tard que ma mère l'avait dénichée dans une boîte qu'elle avait remisée dans la penderie d'une chambre à coucher du fond de la maison depuis que Cassie était bébé, une boîte qui n'avait pas vu la lumière du jour depuis deux ans avant la naissance de Colton.

Il y avait quatre personnes sur la photo, et ma mère y avait joint un mot expliquant qui elles étaient : ma grand-mère Ellen, qui était dans la vingtaine sur la photo, mais maintenant dans les quatre-vingts ans et vivant encore à Ulysses. Il y avait seulement quelques mois que ma famille l'avait vue. Sur la photo, on pouvait voir également ma mère lorsqu'elle avait environ dix-huit mois ; mon oncle Bill, qui avait environ six ans ; et papi, un bel homme, qui n'avait que vingt-neuf ans lorsque la photo a été prise en 1943.

Bien entendu, je n'avais jamais dit à Colton que cela me dérangeait qu'il n'ait pas semblé reconnaître papi sur ma vieille photo souvenir. Ce soir-là, Sonja et moi étions assis dans le salon lorsque j'ai fait monter Colton. Il lui a fallu un moment pour faire son apparition dans la pièce, et lorsqu'il est arrivé, j'ai sorti la photocopie de la photo que ma mère m'avait envoyée.

« Hé ! viens voir ça, Colton », lui ai-je dit, en levant la feuille vers lui. « Qu'en penses-tu ? »

Il a pris la photocopie de mes mains, il l'a regardée, puis m'a regardé de nouveau ; les yeux remplis de surprise, il m'a dit avec bonheur : « Hé ! comment as-tu eu une photo de papi ? »

Sonja et moi nous sommes regardés de nouveau, étonnés.

« Colton, ne reconnais-tu personne d'autre sur la photo ? » lui ai-je demandé.

Il a lentement secoué la tête. « Non… »

Je me suis penché et j'ai désigné ma grand-mère du doigt. « D'après toi, qui est cette personne ? »

« Je sais pas. »

« C'est grand-maman Ellen. »

Le regard de Colton est devenu sceptique. « Ça *ressemble* pas à grand-maman Ellen. »

J'ai regardé Sonja en laissant échapper un petit rire. « Eh bien, ça lui ressemblait avant. »

« Je peux aller jouer ? » nous a demandé Colton, en me remettant la photo.

Après qu'il a eu quitté la pièce, Sonja et moi avons discuté du fait qu'il était intéressant de voir que Colton avait reconnu papi d'après une photo prise plus d'un demi-siècle avant sa naissance – une photo qu'il n'avait jamais vue auparavant –, mais sans reconnaître sa grand-mère qu'il avait vue à peine quelques mois plus tôt.

Après y avoir réfléchi, nous nous sommes dit que le fait que le papi avec qui Colton avait dit avoir passé du temps n'avait plus soixante-et-un ans, mais qu'il était dans la fleur de l'âge, nous semblait être à la fois une bonne nouvelle et une mauvaise nouvelle. La mauvaise nouvelle, c'est qu'au ciel, nous nous ressemblerons encore. La bonne nouvelle, c'est que ce sera la version plus jeune de notre personne.

CHAPITRE VINGT-TROIS

LA PUISSANCE D'EN HAUT

Le 4 octobre 2004, Colby Lawrence Burpo est venu au monde. Dès sa naissance, il a ressemblé à Colton comme deux gouttes d'eau, mais comme c'est le cas de tous les enfants, Dieu l'avait lui aussi fait unique. Si Cassie était notre enfant sensible et Colton était notre enfant sérieux, Colby était notre clown. Dès un très jeune âge, les bouffonneries de Colby ont fait souffler un vent de fraîcheur et de rires sur notre famille.

Un soir, plus tard durant cet automne-là, Sonja s'est installée avec Colton pour lui lire une histoire biblique.

Elle s'est assise au bord de son lit et lui a lu l'histoire tandis qu'il était couché sous la couverture, la chevelure blottie dans son oreiller. Puis l'heure est venue de prier.

L'une des grandes bénédictions de notre vie parentale est d'entendre nos enfants prier. Lorsqu'ils sont petits, les enfants prient sans se préoccuper des apparences, contrairement aux adultes, et font fi du langage « pieux » dont le but est de plaire aux gens qui écoutent plutôt qu'à Dieu. Et lorsque Colton et Cassie offraient des prières à leur façon et avec leur ferveur naturelle, Dieu semblait les exaucer.

Nous n'avons pas tardé à acquérir l'habitude de confier aux enfants des sujets de prières précis, non seulement pour bâtir leur foi, mais aussi parce que le fait de prier pour autrui est un moyen de s'intéresser aux besoins autres que les siens.

«Tu sais que papa prêche toutes les semaines?» lui disait maintenant Sonja, assise près de Colton. «Je crois que nous devrions prier pour lui, pour qu'il ait beaucoup de temps pour bien étudier cette semaine, pour qu'il donne un bon message à l'Église dimanche matin.»

Après l'avoir regardée, Colton lui a dit la chose la plus étrange qui soit: «J'ai vu la puissance lancée en bas sur papa.»

Sonja m'a dit plus tard qu'il lui avait fallu un moment pour retourner ces paroles dans sa tête. *La puissance a été lancée en bas?*

«Qu'est-ce que tu veux dire, Colton?»

«Jésus lance de la puissance à papa quand il parle.»

Sonja s'est déplacée sur le lit pour regarder droit dans les yeux de Colton. «OK… quand? Comme quand papa parle à l'église?»

Colton a alors hoché la tête. «Ouais, à l'église. Quand il raconte des histoires bibliques devant tout le monde.»

Sonja ne savait que dire, ce à quoi nous nous étions habitués au cours de la dernière année et demie. Elle et Colton se sont donc mis à prier ensemble, en envoyant au ciel des signaux pour que papa donne un bon message dimanche.

Puis Sonja a parcouru le corridor pour venir au salon me raconter leur conversation. «Mais que je ne te voie pas aller le réveiller pour lui poser des questions à ce sujet-là!» m'a-t-elle mis en garde.

J'ai donc dû attendre le petit déjeuner du lendemain matin.

«Hé! mon grand», lui ai-je lancé, en versant du lait dans le bol de céréales habituel de Colton. «Maman m'a dit que vous avez parlé hier soir durant la lecture de l'histoire biblique. Peux-tu me dire ce que tu disais à maman… que Jésus lançait de la puissance en bas? À quoi ressemble la puissance?»

«C'est le Saint-Esprit, m'a-t-il simplement dit. Je l'ai regardé faire. Il m'a montré.»

«Le Saint-Esprit?»

«Ouais, il lance de la puissance pour toi quand tu parles à l'église.»

S'il y avait eu des bulles de bande dessinée au-dessus de la tête des gens, les miennes se seraient remplies de points d'interrogation et de points d'exclamation sur-le-champ. Chaque dimanche matin, avant de donner le sermon, je fais une prière du genre de celle-ci : «Mon Dieu, si tu ne m'aides pas ce matin, ce message échouera.» À la lumière des paroles de Colton, j'ai réalisé que j'avais prié sans vraiment savoir pour quoi je priais. Et d'imaginer que Dieu y répondait en «lançant de la puissance en bas»... eh bien, c'était tout simplement incroyable.

CHAPITRE VINGT-QUATRE

LE MOMENT D'ALI

Après la naissance de Colby, Sonja et moi avions constaté que nous ne pouvions plus prendre les enfants avec nous. Nous étions maintenant deux d'un côté et trois de l'autre. Nous avons alors décidé que le temps était venu de nous choisir une baby-sitter, si bien que nous avons retenu les services d'une jeune fille très mûre et très responsable étant en première année du lycée et s'appelant Ali Titus. Les lundis soir, Sonja et moi jouions encore dans notre équipe de softball mixte « des vieux », même s'il n'était plus question que je glisse pour atteindre les buts.

Un lundi soir de 2005, Ali est venue garder Cassie, Colton et Colby pour que nous puissions participer au match. Il était vers les 22 h lorsque nous sommes rentrés à la maison. Sonja est descendue de voiture et est entrée afin de voir si tout s'était bien passé pour Ali et les enfants, tandis que je fermais le garage pour la nuit, si bien que je n'ai entendu parler de ce qui s'est produit à l'intérieur que quelques minutes après le fait.

La porte de garage intérieure donne sur la cuisine, et lorsqu'elle y est entrée, Sonja m'a dit plus tard qu'elle avait trouvé Ali à l'évier, en train de laver la vaisselle du repas… et de pleurer.

« Ali, qu'est-ce qui t'arrive ? » lui a demandé Sonja. Était-ce quelque chose qui concernait Ali ou quelque chose qui était arrivé aux enfants ?

Ali a sorti les mains de l'eau de vaisselle et les a essuyées à une serviette. «Heu… je ne sais vraiment pas comment vous le dire, Madame Burpo» a-t-elle commencé. Elle a baissé les yeux sur le plancher, hésitant à continuer.

«Ça va aller, Ali, lui a dit Sonja. «Qu'est-ce qu'il y a?» Ali a alors levé ses yeux remplis de larmes. «Je suis désolée de vous demander ça, mais… avez-vous fait une fausse-couche?»

«Oui, en effet. Comment l'as-tu su?» lui a répondu Sonja, surprise.

«Heu… Colton et moi avons eu une petite conversation.»

Sonja a invité Ali à s'asseoir sur le canapé avec elle et à lui dire ce qui s'était passé.

«Ça a commencé après que j'ai mis Colby et Colton au lit», a d'abord dit Ali. Cassie était descendue dans sa chambre, et Ali avait donné à Colby son biberon et l'avait mis dans son lit d'enfant au rez-de-chaussée. Puis elle était allée dans la chambre de Colton au bout du corridor pour le border, après quoi elle était revenue dans la cuisine pour ranger après le repas qu'elle avait servi aux enfants. «Je venais de fermer le robinet de l'évier lorsque j'ai entendu Colton pleurer.»

Ali a dit à Sonja qu'elle était allée voir Colton et l'avait trouvé assis dans son lit, les joues baignées de larmes. «Qu'est-ce qui ne va pas, Colton?» lui avait-elle demandé.

Colton avait alors reniflé et s'était essuyé les yeux. «Je m'ennuie de ma sœur», lui avait-il dit.

Ali a dit avoir souri, soulagée de constater que le problème semblait avoir une solution simple. «OK, mon chou, tu veux que j'aille te la chercher en bas?»

Colton avait secoué la tête, en disant: «Non, je m'ennuie de mon *autre* sœur.»

Ali avait alors été dans la confusion. «Ton autre sœur? Tu n'as qu'une seule sœur et qu'un seul frère, Colton. Cassie et Colby, non?»

«Non, j'ai une autre sœur, lui avait répondu Colton. Je l'ai vue. Au ciel.» Puis il s'était remis à pleurer. «Je m'ennuie beaucoup.»

Tandis qu'Ali racontait cette partie de l'histoire à Sonja, ses yeux s'étaient remplis de larmes à nouveau. «Je ne savais pas quoi dire, Madame Burpo. Il était dans tous ses états. Je lui ai donc demandé quand il avait vu cette autre sœur.»

Colton avait dit à Ali : «Quand j'étais petit, j'ai été opéré et j'ai monté au ciel et j'ai vu ma sœur.»

Ensuite, Ali a dit à Sonja que Colton s'était remis à pleurer, mais plus fort encore. «Je comprends pas pourquoi ma sœur est morte, avait-il dit. Je sais pas pourquoi elle est au ciel et pas ici.»

Ali s'était assise «en état de choc», comme elle le disait, sur le lit à côté de Colton. Cette situation ne faisait vraiment pas partie de la liste normale des choses à faire «en cas d'urgence» pour la baby-sitter, comme : 1) à qui téléphoner en cas d'incendie ; 2) à qui téléphoner en cas de maladie. Il fallait maintenant y inscrire à qui téléphoner si l'enfant rapporte une expérience surnaturelle.

Ali savait que Colton avait été extrêmement malade quelques années auparavant et qu'il avait été hospitalisé, mais elle ignorait ce qui s'était produit au bloc opératoire. Elle n'avait donc eu aucune idée de ce qu'elle devait dire dans cette situation, même quand Colton avait repoussé ses couvertures et était venu se réfugier dans ses bras. Tandis que Colton pleurait, elle avait donc pleuré avec lui.

«Ma sœur me manque», avait-il répété d'une voix nasillarde et en déposant sa tête sur l'épaule d'Ali.

«Chuuut… ça va aller, Colton, lui avait dit Ali. Il y a une raison à tout.» Et ils étaient restés ainsi, Ali berçant Colton jusqu'à ce qu'il finisse par s'endormir dans ses bras, épuisé d'avoir tant pleuré.

Ali a terminé son histoire, et Sonja l'a serrée dans ses bras. Plus tard, Ali nous a dit que, pendant les deux semaines qui avaient suivi, elle avait sans cesse repensé à ce que Colton lui avait dit et au fait que Sonja lui avait confirmé qu'avant l'opération de Colton, celui-ci n'avait rien su de la fausse-couche de Sonja.

Ali avait grandi dans un foyer chrétien, mais elle avait entretenu les mêmes doutes que tant d'entre nous : par exemple, comment savoir qu'une religion est différente de toutes les autres ? Mais l'histoire de Colton au sujet de sa sœur avait eu pour effet de fortifier sa foi chrétienne, a reconnu Ali. Et elle nous a dit : « De l'entendre décrire le visage de la petite fille... ce n'était pas quelque chose qu'un petit garçon de six ans pouvait inventer. Maintenant, chaque fois que j'ai des doutes, je me remémore le visage de Colton, les larmes coulant sur ses joues quand il me disait combien sa sœur lui manquait. »

CHAPITRE VINGT-CINQ

LES ÉPÉES DES ANGES

Du point de vue d'un enfant, il se peut que la meilleure chose qui pouvait lui arriver en 2005 soit la sortie du film *Le Lion, la Sorcière blanche et l'Armoire magique*. Au cours de la période de Noël, nous avons emmené les enfants voir le film au grand écran. Sonja et moi étions enthousiastes à l'idée de voir la première dramatisation de haute qualité de la série *Les Chroniques de Narnia*, de C. S. Lewis, des livres qui nous avaient plu à tous les deux lorsque nous étions enfants. Colton était plus enthousiaste à l'idée de voir un film qui montrait des bons combattre des méchants à l'épée.

Au début de 2006, nous avons loué le DVD et nous nous sommes installés au salon en vue d'une soirée cinéma en famille. Au lieu de nous asseoir sur les meubles, nous nous sommes tous assis à même la moquette, Sonja, Cassie et moi appuyés contre le canapé. Colton et Colby agenouillés devant nous, en train d'applaudir Aslan, le lion guerrier, et les enfants Pevensie : Lucy, Edmund, Peter et Susan. La maison avait même la senteur du cinéma, en raison des bols de maïs soufflé au beurre, frais sorti du four à micro-ondes, installés au sol à portée de chacun.

Au cas où vous n'auriez pas vu *Le Lion, la Sorcière blanche et l'Armoire magique*, sachez qu'il se déroule durant la Seconde Guerre mondiale, lorsque les enfants Pevensie sont évacués de Londres vers la campagne, où ils vivront sous le toit d'un professeur excentrique. Lucy, Edmund, Peter et Susan s'ennuient à mourir, jusqu'à ce que Lucy tombe sur une armoire enchantée qui conduit à un royaume magique appelé Narnia. Or, ce royaume abrite non seulement des animaux qui parlent tous, mais encore d'autres créatures, comme des lutins et des centaures. Il est gouverné par le lion Aslan, qui est un roi bon et sage, mais dont l'ennemi juré, la Sorcière blanche, a ensorcelé Narnia, si bien qu'il sera toujours en hiver, mais sans Noël. Dans le monde réel, les Pevensie ne sont que des enfants, mais à Narnia, ce sont des rois et des reines qui deviennent également des guerriers se battant dans le camp d'Aslan.

Ce soir-là, tandis que nous regardions la scène de combat fantaisiste et médiévale de la fin, Colton, alors âgé de six ans, s'y donnait à cœur joie tandis que des créatures ailées laissaient tomber de grosses pierres du ciel et que les enfants Pevensie habillés en tenue de combat croisaient le fer avec l'armée ennemie de la Sorcière blanche. Plus tôt dans le film, Aslan s'était sacrifié lui-même pour sauver Edmund. Cependant, lorsqu'il est revenu à la vie et a tué la Sorcière blanche, Colton a sauté sur ses pieds et a levé le poing au ciel. Il est tout heureux quand les bons gagnent.

Tandis que le générique déroulait à l'écran et que Colby ramassait les miettes de maïs soufflé au fond d'un bol, Sonja a lancé à Colton de but en blanc : « Alors, j'imagine que c'est une chose qui te déplaisait au ciel – pas d'épée là-haut. »

Or, l'enthousiasme qui le grisait s'est évanoui aussi vite que si une main invisible lui avait effacé le sourire d'un trait. Il s'est levé de tout son long et a baissé les yeux sur Sonja, encore assise à même le sol.

« Il y a *aussi* des épées au ciel ! » a-t-il annoncé.

Surprise de son intensité, Sonja m'a lancé un coup d'œil de côté, puis s'est légèrement penché la tête vers l'arrière et a souri à Colton. « Heu… OK. Pourquoi ont-ils besoin d'épées au ciel ? »

« Maman, Satan est pas encore en enfer, a répondu Colton, presque en la réprimandant. « Les anges ont des épées pour garder Satan en dehors du ciel ! »

Encore une fois, un passage biblique m'est venu immédiatement à l'esprit, cette fois-ci tiré du livre de Luc, où Jésus dit aux disciples : « Je voyais Satan tomber du ciel comme un éclair[1]. »

Puis je me suis rappelé un passage tiré du livre de Daniel dans lequel un ange apparaît à Daniel en réponse à sa prière, mais lui dit avoir été retardé pendant vingt-et-un jours parce que « l'ange protecteur de l'empire perse » s'est opposé à lui[2] ». Les théologiens donnent généralement à ce passage le sens d'un genre de bataille spirituelle, dans laquelle Gabriel combat les forces du mal.

Mais comment un enfant de six ans pouvait-il savoir ces choses ? Oui, Colton s'était fait enseigner deux années de plus à l'école du dimanche à ce moment-là, mais je savais très bien que notre programme n'incluait pas de leçon portant sur les conditions de vie de Satan.

Tandis que ces pensées me traversaient la tête, je pouvais voir que Sonja ne savait pas quoi dire à Colton, dont la mine était toujours renfrognée. Son visage m'a rappelé l'irritation que j'y avais vue lorsque j'avais suggéré qu'il faisait parfois noir au ciel. J'ai décidé d'alléger l'atmosphère. « Hé ! Colton, je parie que tu as demandé si tu pouvais avoir une épée, hein ? » ai-je lancé.

Sur ce, l'air renfrogné de Colton s'est changé en moue désabusée, et ses épaules se sont affaissées. « Ouais, je l'ai demandé, mais Jésus a pas voulu. Il a dit que je serais trop dangereux. »

J'ai laissé échapper un petit rire, en me demandant si Jésus voulait dire que Colton serait un danger pour lui-même ou pour les autres.

Dans toutes nos discussions au sujet du ciel, Colton n'avait jamais mentionné Satan, et ni Sonja ni moi n'avions pensé à lui poser des questions le concernant. Lorsqu'on pense au « ciel », on pense à des rivières de cristal et à des rues en or, et non à des anges et à des démons en train de croiser le fer.

Maintenant qu'il soulevait le sujet, j'ai toutefois décidé de pousser les choses un peu plus loin.

« Hé ! Colton, as-tu *vu* Satan ? » lui ai-je demandé.

« Ouais, je l'ai vu », m'a-t-il répondu d'un air solennel.

« À quoi ressemblait-il ? »

Sur ce, le corps de Colton est devenu rigide, sur son visage est apparu une grimace et ses yeux se sont plissés jusqu'à ce qu'on ne les voie presque plus. Il s'est tu. Je veux dire qu'il s'est complètement fermé, et le sujet était clos.

Nous avons posé des questions à Colton au sujet de Satan quelques fois par la suite, mais nous avons fini par abandonner la partie, parce que chaque fois que nous l'avons fait, sa réaction était légèrement déconcertante : c'était comme s'il passait instantanément d'un petit enfant enjoué à quelqu'un qui courait se réfugier dans une chambre forte, qui en barrait la porte, en verrouillait les fenêtres et en fermait les vénitiennes. Il nous est devenu évident qu'en plus des arcs-en-ciel, des animaux et des rues en or, il avait vu quelque chose de désagréable. Et il ne voulait pas en parler.

CHAPITRE VINGT-SIX

LA GUERRE À VENIR

Quelques mois plus tard, j'avais des affaires à régler à McCook, une petite ville située à une centaine de kilomètres d'Imperial où se trouve le Wal-Mart le plus près. Pour beaucoup d'Américains, rouler pendant une heure représente une grande distance pour se rendre chez Wal-Mart, mais ici, en région agricole, on s'y fait. J'avais emmené Colton, et je n'oublierai jamais la conversation que nous avons eue sur le chemin du retour, car même si notre fils m'avait parlé du ciel et même de mon propre passé, il n'avait jamais laissé entendre qu'il connaissait mon avenir.

Nous avions traversé de nouveau Culbertson, la première ville à l'ouest de McCook, et nous passions maintenant devant un cimetière. Colton, qui ne nécessitait plus l'utilisation d'un siège de voiture, regardait par la vitre du côté du passager tandis que les rangées de pierres tombales défilaient.

«Papa, où est-ce que papi a été enterré?» m'a-t-il demandé.

«Son corps a été enterré au cimetière d'Ulysses, au Kansas, où vit grand-maman Kay, lui ai-je répondu. La prochaine fois que nous irons là-bas, je peux t'y amener si tu veux, mais tu sais que ce n'est pas là que papi se trouve.»

Colton continuait de regarder par la vitre. «Je sais. Il est au ciel. Il a un nouveau corps. Jésus m'a dit que, si tu vas pas au ciel, t'as pas de nouveau corps.»

Un instant, me suis-je dit, de nouvelles informations s'en vien-nent.

« Vraiment ? » me suis-je contenté de lui dire.

« Ouais », a-t-il dit, avant d'ajouter : « Papa, tu savais qu'il va y avoir une guerre ? »

« Qu'est-ce que tu veux dire ? » Est-ce qu'on se trouvait encore au chapitre du ciel ? Je n'en étais pas certain.

« Il va y avoir une guerre, et elle va détruire notre monde. Jésus et les anges et les bons vont se battre contre Satan et les monstres et les méchants. Je l'ai vu. »

J'ai alors pensé à la bataille décrite dans le livre de l'Apoca-lypse, et mon rythme cardiaque s'est accéléré. « Comment l'as-tu vue ? »

« Au ciel, les femmes et les enfants étaient à l'écart et regar-daient. Alors, je me suis tenu à l'écart et j'ai regardé. » Étrangement, sa voix était plutôt gaie, comme s'il parlait d'un bon film qu'il avait vu. « Mais les hommes, ils devaient se battre. Et papa, je t'ai regardé faire. Tu dois te battre aussi. »

Essayez d'entendre une chose pareille en restant sur la route. Soudain, le son des pneus roulant sur l'asphalte m'a semblé anor-malement fort, comme une plainte stridente.

Et nous en sommes revenus à la question de « l'heure du ciel ». Auparavant, Colton avait parlé de mon passé, et il avait vu des gens « morts » au moment présent. Il disait maintenant qu'au milieu de tout cela, on lui avait montré également l'avenir. Je me suis alors demandé si ces concepts – passé, présent et avenir – ne valaient que pour ici-bas. Peut-être qu'au ciel le temps n'est pas linéaire.

J'avais cependant une autre préoccupation, plus pressante. « Tu as dit qu'on se bat contre des monstres ? »

« Ouais, comme des dragons et des machins », m'a répondu Colton avec bonheur.

Je ne suis pas du nombre des prédicateurs qui insistent lourde-ment sur la prophétie des derniers temps, mais je me remémorais maintenant un passage particulièrement frappant du livre de l'Apo-calypse :

Durant ces cinq mois, les hommes chercheront la mort, mais ils ne la trouveront pas ; ils désireront mourir, mais la mort les fuira. Ces sauterelles ressemblaient à des chevaux prêts pour le combat ; sur leurs têtes, il y avait comme des couronnes d'or, et leurs visages étaient semblables à des visages humains. Elles avaient des cheveux pareils à la chevelure des femmes, et leurs dents étaient comme celles des lions. Leur poitrine semblait couverte d'une cuirasse de fer, et le bruit produit par leurs ailes rappelait le bruit de chars à plusieurs chevaux se précipitant au combat. Elles avaient des queues avec des aiguillons comme en ont les scorpions, et c'est dans leurs queues qu'elles avaient le pouvoir de nuire aux hommes pendant cinq mois[1].

Au fil des siècles, les théologiens se sont longuement penchés sur des passages de ce genre pour leur symbolisme : peut-être que la combinaison de toutes ces différentes parties du corps représente un pays inconnu, ou encore chacune représente un quelconque royaume. D'autres ont suggéré que la « cuirasse de fer » fait allusion à un genre de machine militaire des temps modernes que Jean n'avait aucun moyen de décrire grâce à un point de référence.

Il se peut toutefois que nous, les grands, ayons tenté de rendre les choses plus compliquées qu'elles ne le sont. Peut-être sommes-nous trop éduqués, trop « intelligents », pour nommer ces créatures dans le langage simple d'un enfant : des monstres.

« Heu, Colton… avec quoi est-ce que je combats les monstres ? » J'espérais un char d'assaut, peut-être, ou un lance-missiles… Je ne sais trop, mais quelque chose que je pouvais utiliser pour combattre à distance.

Colton m'a regardé en souriant. « Tu as une épée ou un arc et des flèches, mais je me rappelle pas lequel. »

Je me suis assombri. « Tu veux dire que je dois combattre des monstres à *l'épée* ? »

« Ouais, papa, mais ça va aller », m'a-t-il dit d'un ton de voix rassurant. « Jésus gagne. Il jette Satan en enfer. Je l'ai vu. »

Puis je vis un ange descendre du ciel; il tenait à la main la clé de l'abîme et une énorme chaîne. Il saisit le dragon, le serpent ancien, c'est-à-dire le diable ou Satan, et il l'enchaîna pour mille ans. L'ange le jeta dans l'abîme, qu'il ferma à clé et scella au-dessus de lui, afin que le dragon ne puisse plus égarer les nations jusqu'à ce que les mille ans soient passés. Après cela, il doit être relâché pour un peu de temps. [...] Quand les mille ans seront passés, Satan sera relâché de sa prison, et il s'en ira tromper les nations répandues dans le monde entier, c'est-à-dire Gog et Magog. Il les rassemblera pour le combat, et ils seront aussi nombreux que les grains de sable au bord de la mer. Les voici qui s'avancent sur toute l'étendue de la terre, et ils encerclent le camp du peuple de Dieu, la ville aimée de Dieu. Mais le feu descend du ciel et les détruit. Alors le diable, qui les trompait, est jeté dans le lac de soufre enflammé, où se trouvent déjà la bête et le faux prophète. Ils y seront tourmentés jour et nuit pour toujours[2].

Colton me décrivait la bataille d'Harmaguédon et m'annonçait que j'allais y prendre part. Il y avait presque deux ans que Colton nous avait dit pour la première fois que les anges avaient chanté pour lui à l'hôpital; pour la énième fois depuis ce jour, j'avais la tête qui tournait. J'ai continué de conduire, bouche bée, sur plusieurs kilomètres en retournant ces nouvelles images dans mon esprit. De plus, la nonchalance de Colton m'avait frappé. Il arborait une attitude du genre: «Où est le problème, papa? Je te l'ai dit: je suis passé directement au dernier chapitre, et les bons gagnent.»

J'avais au moins ça pour me réconforter. Nous traversions les abords d'Imperial lorsque j'ai décidé d'adopter l'attitude de Colton envers tout cela. «Eh bien, fiston, j'imagine que, si Jésus veut que je combatte, je vais combattre», lui ai-je déclaré.

Colton s'est détourné de la vitre, et j'ai pu voir qu'il arborait maintenant un air sérieux. «Ouais, je sais, papa, tu vas le faire», m'a-t-il dit.

CHAPITRE VINGT-SEPT

ON VERRA BIEN UN JOUR

Je me rappelle la première fois que nous avons parlé en public de l'expérience de Colton. C'était durant le service du soir du 28 janvier 2007, à la Mountain View Wesleyan Church à Colorado Springs. Au cours du service du matin, j'avais donné une prédication portant sur Thomas, le disciple qui s'était fâché parce que les autres disciples, même Marie de Magdala, avaient pu voir le Christ ressuscité, mais pas lui. Ce récit apparaît dans l'Évangile selon Jean :

> Or, l'un des douze disciples, Thomas – surnommé le Jumeau – n'était pas avec eux quand Jésus vint. Les autres disciples lui dirent : «Nous avons vu le Seigneur.» Mais Thomas leur répondit : «Si je ne vois pas la marque des clous dans ses mains, si je ne mets pas mon doigt à la place des clous et ma main dans son côté, je ne croirai pas.» Une semaine plus tard, les disciples de Jésus étaient de nouveau réunis dans la maison, et Thomas était avec eux. Les portes étaient fermées à clé, mais Jésus vint et, debout au milieu d'eux, il dit : «La paix soit avec vous !» Puis il dit à Thomas : «Mets ton doigt ici et regarde mes mains ; avance ta main et mets-la dans mon côté. Cesse de douter et crois !» Thomas lui répondit : «Mon Seigneur et mon Dieu !» Jésus lui dit : «C'est parce que tu m'as vu que tu as cru ? Heureux sont ceux qui croient sans m'avoir vu[1] !»

C'est de ce récit que nous tenons l'expression connue «incrédule comme Thomas», qui désigne une personne refusant de croire quelque chose sans en avoir eu la preuve physique ou sans en avoir fait l'expérience personnelle. Autrement dit, une personne sans foi.

Durant mon sermon du matin, j'avais parlé de ma propre colère et de mon manque de foi, des instants houleux que j'avais passés dans la petite pièce à l'hôpital, à fulminer contre Dieu, ainsi que du fait que Dieu m'avait répondu en se servant de mon fils pour me dire : *« Je suis là. »*

Les gens qui avaient assisté au service ce matin-là étaient allés ensuite dire à leurs amis qu'un prédicateur et sa femme dont le fils était allé au ciel leur en diraient plus long à ce sujet durant le service du soir. Le soir même, l'église était bondée. Colton, qui avait maintenant sept ans, était assis dans la deuxième rangée avec son frère et sa sœur, tandis que Sonja et moi racontions son expérience du mieux que nous le pouvions en quarante-cinq minutes. Nous avons parlé de papi, et du fait que Colton avait rencontré sa sœur à naître ; et nous avons répondu à des questions pendant au moins quarante-cinq minutes par la suite.

Environ une semaine après notre retour à Imperial, j'étais à la maison dans mon bureau du sous-sol, en train de vérifier mes courriels, lorsque j'en ai vu un provenant de la famille chez qui nous avions séjourné – Sonja et moi, avec les enfants – durant notre passage à la Mountain View Wesleyan Church. Nos hôtes avaient des amis qui étaient venus nous y entendre en soirée et qui avaient entendu les descriptions du ciel que Colton avait faites. Par l'intermédiaire de nos hôtes, ces amis nous faisaient parvenir un courriel au sujet d'un reportage que la chaîne de télévision CNN avait diffusé à peine deux mois plus tôt, en décembre 2006. Le reportage portait sur une jeune Lituano-américaine du nom d'Akiane Kramarik, qui vivait dans l'Idaho. Akiane (qui se prononce AH-KI-AHNA»), qui avait douze ans à l'époque de la diffusion du reportage, avait commencé à avoir des «visions» du ciel à l'âge de quatre ans, nous disait le courriel. Ses descriptions du ciel ressemblaient remarquablement à celles de Colton, et les amis de nos hôtes avaient cru le reportage susceptible de nous intéresser.

Assis à l'ordinateur, j'ai cliqué sur l'hyperlien, qui m'a conduit au segment de trois minutes commençant par une musique de fond, un morceau classique lent joué au violoncelle. Une voix d'homme hors champ s'est fait entendre : «Une artiste autodidacte qui dit tenir son inspiration "d'en haut". Des toiles qui sont spirituelles, émotionnelles... de la main d'une jeune artiste prodige de douze ans[2].»

Le mot «prodige» lui allait à merveille. Tandis que le violoncelle jouait, le clip vidéo nous a montré des toiles et des toiles représentant des visages angéliques, des paysages idylliques et le profil d'un homme qui représentait manifestement le Christ. Puis on a vu brièvement une jeune fille en train de couvrir une toile de couleurs. On n'aurait toutefois pas cru que les toiles montrées provenaient d'une jeune fille, ni même d'un adulte apprenant à peindre des portraits. Il s'agissait d'œuvres d'art sophistiquées méritant d'être exposées dans n'importe quelle galerie.

Akiane s'était mise à la peinture à l'âge de six ans, nous disait la voix hors champ, mais à l'âge de quatre ans, elle avait «commencé à décrire à sa mère ses visites au ciel».

Ensuite, Akiane a pris la parole pour la première fois : «Toutes les couleurs étaient d'un autre monde», a-t-elle dit, en décrivant le ciel. «Il y a des centaines de millions d'autres couleurs que nous ne connaissons pas encore.»

Le narrateur a poursuivi en disant que la mère d'Akiane était athée et que le concept de Dieu n'avait jamais été abordé à la maison. La famille ne regardait pas la télévision et elle faisait l'école-maison. Lorsque la fillette s'était mise à raconter ses histoires du ciel, puis à les dessiner d'abord, et à les peindre ensuite, sa mère a su qu'Akiane n'avait pas pu entendre ces choses auprès d'une autre personne. Lentement, sa mère s'était mise à accepter que les visions d'Akiane étaient réelles et que, par conséquent, Dieu devait l'être aussi.

«Je crois que Dieu sait ce qu'il fait en plaçant nos enfants dans chaque famille», disait Mme Kramarik.

Je me suis alors souvenu de ce que Jésus a dit à ses disciples un jour qu'ils tentaient d'empêcher des enfants de «l'importuner»: «Laissez les enfants venir à moi[3]!»

En vue de mes sermons à venir, j'ai gardé en mémoire le fait suivant: L'histoire d'Akiane a montré que Dieu peut toucher n'importe qui, n'importe où, à n'importe quel âge – même une enfant d'âge préscolaire grandissant dans un foyer où le nom de Dieu n'avait jamais été prononcé.

Mais ce n'était pas la leçon que Dieu cherchait à m'enseigner ce jour-là.

Tandis que je regardais un montage des œuvres d'art d'Akiane traverser mon écran d'ordinateur, le narrateur a déclaré: «Akiane décrit Dieu de manière aussi frappante qu'elle le peint.»

À ce moment-là, un portrait rapproché du visage de Christ a rempli l'écran. Il ressemblait à ceux que j'avais vus auparavant, mais Jésus regardait cette fois-ci directement «dans la caméra», pour ainsi dire.

«Il est pur, disait Akiane. Il est très masculin, très fort et grand. Et ses yeux sont tout simplement magnifiques.»

Ça alors! Près de trois années s'étaient écoulées depuis la chirurgie de Colton, et environ deux années et demie depuis le fameux soir où il m'avait décrit Jésus pour la première fois au sous-sol. J'étais frappé de remarquer les similarités entre ses souvenirs et ceux d'Akiane: toutes les couleurs du ciel… et surtout leurs descriptions des yeux de Jésus.

«Et ses yeux… oh! papa, ses yeux sont *tellement* beaux!» m'avait dit Colton.

Quel détail intéressant pour deux enfants de quatre ans sur lequel insister! Après la fin du reportage de CNN, je suis revenu au deuxième portrait de Jésus, une toile d'un réalisme saisissant qu'Akiane avait peinte lorsqu'elle avait huit ans. Ses yeux étaient effectivement frappants – d'un bleu clair tirant sur le vert sous des sourcils foncés et épais – avec la moitié du visage ombragée. Et j'ai remarqué que ses cheveux étaient plus courts que ceux des toiles de la plupart des artistes. Sa barbe était également différente, plus fournie dans un sens, plus... je ne sais trop... décontractée.

Il n'en restait pas moins que, parmi les dizaines et les dizaines de portraits de Jésus que nous avions vus depuis 2003, Colton n'en avait toujours pas vu un seul qu'il disait lui être fidèle.

Je me suis donc dit : *Autant voir ce qu'il pensera de la tentative d'Akiane.*

Après avoir quitté mon bureau, j'ai crié à Colton de descendre me retrouver au sous-sol.

« J'arrive ! » m'a-t-il répondu.

Colton a descendu l'escalier en sautant et s'est présenté dans le bureau. « Ouais, papa ? »

« Regarde ça », lui ai-je dit, en désignant le moniteur de l'ordinateur d'un signe de la tête. « Qu'est-ce qui cloche dans celui-là ? »

Il s'est tourné vers l'écran et n'a rien dit pendant un long moment.

« Colton ? »

Il restait planté là, à étudier l'image. Je ne parvenais pas à déchiffrer son expression.

« Qu'est-ce qui cloche dans celui-là, Colton ? » lui ai-je redemandé.

Pas un son.

Je lui ai donné un petit coup de coude sur le bras. « Colton ? »

Mon fils de sept ans s'est alors retourné, m'a regardé et m'a dit : « Papa, c'est le bon. »

—◦◦◦—

Sachant combien d'images Colton avait rejetées, Sonja et moi avons enfin eu le sentiment que, dans le portrait d'Akiane, nous avions vu le visage de Jésus. Ou du moins un visage lui ressemblant de manière saisissante.

Nous étions plutôt certains qu'aucune toile ne saurait rendre la majesté de la personne du Christ ressuscité. Cependant, après avoir passé trois années à examiner des images de Jésus, nous savions que l'interprétation d'Akiane était non seulement différente des portraits types de Jésus, mais aussi la seule qui avait brusquement interpellé Colton. Sonja et moi avons trouvé intéressant de constater que, lorsque Colton avait dit : « C'est le bon », il ignorait totalement que ce portrait, intitulé *Le Prince de la paix : la Résurrection,* avait été peint par une enfant qui disait elle aussi être allée au ciel.

Notre passage à la Mountain View Wesleyan Church n'a pas eu pour seul fait intéressant celui d'obtenir enfin une idée de ce à quoi Jésus ressemble. C'était également la première fois que nous réalisions en quoi la rencontre de Colton avec sa sœur au ciel allait influencer des gens sur la terre.

Après le service en soirée du mois de janvier 2007, une jeune mère est venue me parler, les yeux brillants de larmes.

« J'ai perdu un bébé, m'a-t-elle dit. Elle est morte en venant au monde. Votre fils saurait-il si mon bébé est au ciel ? »

Cette femme avait la voix chevrotante, et j'ai constaté qu'elle tremblait de tous ses membres. Je me suis dit : *Oh ! Seigneur, qui suis-je pour répondre à cette question ?*

Colton avait dit qu'il y avait beaucoup, beaucoup d'enfants au ciel. Cependant, je ne pouvais pas aller lui demander s'il avait vu l'enfant de cette femme en particulier. Je ne voulais pas non plus simplement la laisser dans cet état misérable.

C'est alors qu'un petit garçon d'environ six ou sept ans est venu se tenir près de la femme, se cramponnant à sa jupe. Et une réponse m'est venue.

« Madame, croyez-vous que Dieu m'aime ? » lui ai-je demandé.

Elle a fait disparaître ses larmes en clignant des yeux. « Eh bien... oui. »

« Croyez-vous qu'il vous aime autant qu'il m'aime ? »

« Oui. Oui, je le crois. »

J'ai ensuite désigné son jeune fils à côté d'elle d'un signe de la tête. « Croyez-vous que Dieu aime votre fils ici autant qu'il aime Colton ? »

Elle a fait une pause pour assimiler cette question, puis m'a répondu : « Oui, bien sûr. »

«Dans ce cas-là, si vous croyez que Dieu vous aime autant qu'il m'aime, et vous croyez qu'il aime votre fils vivant autant qu'il aime mon fils vivant, ne croyez-vous pas qu'il aime votre enfant mort-né autant qu'il aime le mien?» Soudain, la femme a cessé de trembler et m'a souri. «Je n'y avais jamais pensé sous cet angle-là.»

J'ai fait en moi-même une prière de reconnaissance au Saint-Esprit, qui avait manifestement «lancé de la puissance en bas» en m'accordant une réponse à donner à cette mère chagrinée, car je peux vous dire en toute franchise que je ne suis pas assez intelligent pour y avoir pensé moi-même.

Ce ne serait pas la seule fois où l'histoire de Colton allait nous obliger, Sonja et moi, à tenter de répondre à des questions monumentales. Parfois, les gens qui ont vécu l'expérience avec nous ont trouvé des réponses à leurs propres questions.

Comme je l'ai mentionné précédemment, avant que nous quittions l'hôpital de North Platte, des infirmières n'arrêtaient pas de venir un instant dans la chambre de Colton. Avant cela, lorsque des infirmières entraient dans notre chambre, c'était pour vérifier les signes vitaux de Colton et inscrire des trucs dans des dossiers. Elles venaient maintenant sans avoir la moindre raison médicale – simplement pour jeter un coup d'œil au petit garçon qui, deux jours plus tôt à peine, échappait à leurs compétences médicales et qui se tenait maintenant dans son lit, en train de bavarder et de jouer avec son nouveau lion en peluche. À l'époque, une des infirmières m'avait pris à part pour me demander: «Monsieur Burpo, je peux vous parler un instant?»

«Bien sûr», lui avais-je répondu.

Elle m'avait indiqué une pièce en face de la chambre de Colton. «Entrons ici.»

Me demandant ce qui se passait, je l'ai suivie jusque dans ce qui semblait être une petite salle de repos. Elle a fermé la porte derrière nous et s'est retournée pour me faire face. Il y avait dans ses yeux un éclat profond, comme si quelque chose de nouveau venait de s'épanouir en elle.

« Monsieur Burpo, il y a de nombreuses années que je travaille ici comme infirmière, a-t-elle commencé. Je ne suis pas censée vous dire ça, mais on nous avait demandé de ne donner aucun encouragement à votre famille. Ils ne croyaient pas que Colton s'en sortirait. Et quand on nous dit que des gens ne s'en sortiront pas, c'est le cas. »

Elle a semblé hésiter pendant un instant ; puis elle s'est jetée à l'eau. « Mais de voir votre garçon comme il est aujourd'hui, c'est un miracle. Il faut que Dieu existe, parce que c'est un miracle. »

Je l'ai remerciée de m'avoir parlé ainsi, puis j'ai ajouté : « Je veux que vous sachiez que nous croyons que c'est Dieu qui est intervenu. Notre Église s'est réunie et a prié pour Colton hier soir, et nous croyons que Dieu a répondu à nos prières. »

L'infirmière a regardé le sol un moment, a ensuite relevé les yeux vers moi et m'a souri. « Eh bien, je voulais simplement vous dire ça. »

Puis elle est partie. Je crois qu'elle ne voulait peut-être pas entendre un pasteur lui faire de sermon, mais la vérité, c'est qu'elle n'avait pas besoin de sermon – elle en avait déjà vu un.

En parlant de l'expérience de Colton au ciel, des gens nous ont dit : « Votre famille est tellement bénie ! »

Ils ont raison, en ce sens que nous avons vu, indistinctement, à travers le voile qui sépare la terre de l'éternité.

Cependant, je me dis aussi : *Bénie ? On a regardé notre fils passer à un cheveu de la mort.*

C'est agréable de parler du ciel, du trône de Dieu, de Jésus, de papi et de la fille que nous croyions avoir perdue, mais que nous retrouverons un jour. Il est toutefois désagréable de parler de ce qui nous y a conduits. Le souvenir de ces jours terrifiants où nous avons regardé Colton se cramponner à la vie nous fait encore monter les larmes aux yeux, à Sonja et moi. Jusqu'à aujourd'hui, l'histoire miraculeuse de sa visite au ciel et le fait d'être passé près de perdre notre fils sont une seule et même chose pour nous.

Lorsque j'étais enfant, je me demandais tout le temps pourquoi on faisait tout un plat de la croix, de la crucifixion de Jésus.

Si Dieu le Père savait qu'il ressusciterait son Fils des morts, en quoi était-ce un sacrifice ? Je comprends maintenant toutefois que Dieu n'associe pas Pâques uniquement à la dernière étape, qu'au tombeau vide. Je comprends tout à fait. J'aurais fait n'importe quoi, *n'importe quoi*, pour mettre un terme aux souffrances de Colton, y compris prendre sa place.

La Bible dit que, tandis que Jésus rendait l'âme, qu'il était suspendu là, sur une croix romaine, Dieu lui a tourné le dos. Je suis convaincu qu'il a agi de la sorte parce que, s'il avait continué de regarder, il aurait été incapable d'aller jusqu'au bout.

Il arrive parfois que des gens nous demandent : « Pourquoi Colton ? Pourquoi, d'après vous, cela est arrivé à votre famille ? » J'ai dû dire plus d'une fois : « Hé ! on est juste des gens ordinaires d'une toute petite ville du Nebraska. Le mieux qu'on puisse faire, c'est de vous raconter ce qui nous est arrivé, et espérer que vous y trouverez un encouragement, comme l'infirmière de North Platte qui avait peut-être besoin de voir un miracle pour croire qu'il existe Quelqu'un nous étant supérieur. Ou encore la femme à la Mountain View Wesleyan Church qui avait besoin d'une lueur d'espoir pour l'aider à surmonter son chagrin. Ou bien Sonja, qui avait besoin d'un baume sur ses propres blessures de mère. Ou encore ma mère, Kay, qui après s'être posé des questions pendant vingt-huit ans, sait enfin qu'elle reverra son père un jour. »

Les renseignements que nous obtenons en lisant le livre de l'Apocalypse et d'autres enseignements bibliques au sujet du ciel nous semblent fragmentés. En tant que pasteur, j'ai toujours mis un grand soin à choisir ce que je dis en chaire à propos du ciel, et c'est encore le cas. J'enseigne ce que je trouve dans la Bible.

Étant donné que j'avais beaucoup de questions auxquelles je restais sans réponse, je ne passais pas beaucoup de temps à réfléchir personnellement au ciel. Je le fais toutefois maintenant. Sonja et moi le faisons tous les deux, et nous avons entendu beaucoup de gens nous dire que l'histoire de Colton les a poussés à réfléchir davantage au ciel eux aussi. Nous n'avons toujours pas réponse à toutes nos questions – loin de là –, mais nous avons maintenant une image en tête, une image que nous pouvons regarder en nous exclamant : « Ça alors ! »

J'aime beaucoup la façon dont ma mère résume le tout : « Depuis que cela s'est produit, je réfléchis davantage à ce à quoi pourrait réellement ressembler la vie au ciel. J'avais accepté l'idée du ciel auparavant, mais maintenant, je le visualise. Avant, j'en avais entendu parler, mais je sais maintenant qu'un jour je le verrai. »

ÉPILOGUE

Un peu plus de sept années se sont écoulées depuis qu'un simple voyage en famille s'est changé en voyage au ciel qui a transformé notre vie tout entière. Les gens nous demandent souvent pourquoi nous avons attendu si longtemps pour raconter l'histoire de Colton. Il y a quelques raisons à cela. D'abord, même si sept années se sont écoulées depuis les jours éprouvants que nous avons passés à l'hôpital, notre voyage d'urgence de Greeley au cabinet du médecin d'Imperial n'a marqué que le début de toute cette histoire. Comme vous l'avez lu précédemment, nous avons reçu les détails du voyage extraordinaire de Colton par bribes sur une période de plusieurs mois et années. Même si beaucoup d'eau a coulé sous les ponts depuis qu'il est passé à un cheveu de mourir, le reste de l'histoire a mis du temps à se dérouler.

Ensuite, lorsque nous nous sommes mis à discuter avec les gens de ce qui nous était arrivé, de nombreuses personnes nous ont dit : « Vous devriez écrire un livre ! » ce à quoi Sonja et moi répondions : « Nous ? Écrire un livre ? Voyons donc. »

Nous ne parvenions pas à imaginer que qui que ce soit puisse vouloir lire *notre* histoire. Ensuite, il y avait toute la question de l'écriture de ce livre. On nous aurait demandé d'aller sur la Lune que la chose ne nous aurait pas semblé beaucoup plus difficile. C'est vrai que j'avais édité mon journal universitaire et que Sonja avait beaucoup écrit dans le cadre de sa maîtrise, mais nous avions tous les deux des emplois qui nous plaisaient énormément, de jeunes enfants à élever et une Église de laquelle prendre soin. Et il faut bien dormir de temps à autre. Ce n'est qu'après que Phil McCallum, un ami pasteur, nous a offert de nous présenter à quelques personnes et de nous entourer de bons éditeurs que nous nous sommes dit que nous serions peut-être capables de donner naissance à un livre. Il n'en restait toutefois pas moins que le moment propice devait se présenter à nous.

Vous voyez, en tant que parents, nous nous inquiétions pour Colton. Beaucoup de gens aiment entendre son histoire en raison de tous les détails qu'elle comporte au sujet du ciel. Cela nous plaît également. Seulement, il y a aussi toute la partie de son hospitalisation, où nous avons tous traversé une période de terreur et de douleur qui nous a semblé durer une éternité. Le sujet était encore délicat et nous ignorions encore avec certitude comment le fait de revivre tout cela toucherait Colton. Par ailleurs, comment composerait-il avec toute l'attention que le livre susciterait ? Nous nous en préoccupions. Nous nous en préoccupons encore. Nous venons de petites villes, Colton fréquente une petite école et nous appartenons à une petite Église. « Petit », c'est ce que Colton connaît, mais les projecteurs ? Nous n'en étions pas si sûrs.

Maintenant, bien entendu, le livre est toutefois écrit. Sonja m'a dit l'autre jour, en riant : « J'imagine qu'on devra écrire "devenir auteur" sur nos listes d'objectifs à réaliser avant de mourir pour avoir le simple plaisir de le rayer. »

On nous a également posé d'autres questions. C'était surtout des enfants qui voulaient savoir si Colton avait vu des animaux au ciel. La réponse est oui ! Mis à part le cheval de Jésus, il nous a dit avoir vu des chiens, des oiseaux, même un lion – et le lion était amical, et non féroce.

Beaucoup de nos amis catholiques nous ont demandé si Colton avait vu Marie, la mère de Jésus. La réponse à cette question est également oui. Il a vu Marie agenouillée devant le trône de Dieu et d'autres fois se tenant aux côtés de Jésus. « Elle l'aime encore comme une maman », nous a dit Colton.

Il y a une autre question que les gens nous posent tout le temps : « En quoi l'expérience de Colton vous a-t-elle changés ? »

La première chose que Sonja vous dira à ce sujet, c'est qu'elle nous a complètement brisés. En fait, les pasteurs et leur famille sont généralement plus à l'aise dans le rôle d'«aidant» que d'«aidé». Sonja et moi avions toujours été ceux qui, en périodes difficiles, rendaient visite aux malades, livraient des repas et prenaient soin des enfants des autres. Nous comptions uniquement sur nous-mêmes – peut-être, en y repensant, au point d'en tirer de l'orgueil. Cependant, cette terrible épreuve à l'hôpital a cassé notre orgueil comme une brindille sèche et nous a enseigné à nous montrer assez humbles pour accepter de l'aide d'autrui, sur les plans physique, émotionnel et financier.

C'est bien de se montrer fort et capable de bénir les autres, oui, mais nous avons découvert qu'il est bon de nous montrer assez vulnérables pour permettre aux autres d'être forts à notre place, pour leur permettre de nous bénir. Et cela, en définitive, s'est révélé être une bénédiction pour eux aussi.

L'histoire de Colton nous a changés d'une autre façon également : nous sommes maintenant plus audacieux. Nous vivons à une époque où les gens mettent en doute l'existence de Dieu. En tant que pasteur, je me suis toujours senti à l'aise de parler de ma foi, mais maintenant, en plus, je parle de ce qui est arrivé à mon fils. C'est la vérité, et j'en parle, sans m'en excuser.

Entre-temps, ici à Imperial, la vie se poursuit exactement comme c'est le cas des familles vivant dans toutes les petites villes d'Amérique. Cassie a treize ans et commencera le lycée à l'automne. Hier, c'était une soirée importante pour elle : elle a passé une audition pour chanter dans la chorale de son lycée. Notre plus jeune, Colby, franchit également un pas important : il va entrer à la maternelle cette année, ce qui est une bonne chose, parce qu'il commençait à rendre folle son professeur du préscolaire.

Pour ce qui est de Colton, il aura onze ans ce mois-ci et, en septembre, il amorcera son avant-dernière année du primaire. C'est un enfant normal dans tous les domaines. Il aime la lutte et le base-ball. Il joue du piano et de la trompette, mais il n'aime pas trop l'école et il dit que sa matière préférée, c'est la récréation. Il parle encore du ciel de temps à autre, mais il ne dit ni s'y être rendu à d'autres occasions ni avoir de lien particulier ou continu avec l'éternité. Et en dépit de son voyage surnaturel, ses relations avec son frère et sa sœur sont aussi normales qu'elles peuvent l'être. Colby suit Colton comme le font les petits frères, et ils se querellent pour savoir qui a volé les figurines de qui. Cassie, de son côté, est la grande sœur d'une patience à toute épreuve. Tout cela s'est d'ailleurs démontré à la perfection lorsque nous cherchions tous à trouver un bon titre à donner au présent livre.

J'ai suggéré : *Le ciel avant quatre ans*.

Sonja a suggéré : *Le ciel selon Colton*.

Cassie a suggéré : *Il est de retour, mais ce n'est pas un ange*.

Finalement, c'est Colton qui en a accidentellement trouvé le titre. Au cours de la période de Noël 2009, nous avons fait un voyage en famille jusqu'au Texas et étions dans un Starbucks de Dallas, en train de discuter du livre avec notre éditrice. Elle a regardé notre fils aîné, assis de l'autre côté de la table, et lui a demandé : «Colton, qu'est-ce que *tu* veux que les gens apprennent en lisant ton histoire ?»

Sans hésiter, il l'a regardée droit dans les yeux et lui a répondu : «Je veux qu'ils sachent que le ciel, c'est pour de vrai.»

Todd Burpo
Imperial, Nebraska
Mai 2010

CALENDRIER DES ÉVÉNEMENTS

Juillet 1976 – Le grand-père de Todd Burpo, qu'il appelle « papi » (Lawrence Edelbert Barber), meurt dans un accident de voiture entre Ulysses et Liberal, au Kansas.

1982 – Todd, à treize ans, entend et accepte l'appel de Christ à le servir et à prêcher l'Évangile.

29 décembre 1990 – Todd et Sonja Burpo se marient.

16 août 1996 – Cassie Burpo, la sœur aînée de Colton, vient au monde.

Juillet 1997 – Le pasteur Todd et Sonja Burpo acceptent de servir Dieu à la Crossroads Wesleyan Church à Imperial, au Nebraska.

20 juin 1998 – Sonja Burpo perd leur deuxième enfant dans une fausse-couche. Elle était enceinte de deux mois.

19 mai 1999 – Colton Burpo vient au monde.

Août 2002 – Todd se casse la jambe en plusieurs endroits durant un tournoi de softball mixte.

Octobre 2002 – Todd a des calculs rénaux.

Novembre 2002 – Todd se découvre une bosse à la poitrine que l'on diagnostique comme étant de l'hyperplasie.

27 février 2003 – Colton se plaint de douleurs à l'estomac s'accompagnant d'une forte fièvre, que l'on diagnostique à tort comme une grippe intestinale.

28 février 2003 – La fièvre de Colton tombe. Ses parents s'en réjouissent, croyant que Colton s'est remis, quand en fait ce n'est que le premier signe d'une appendicite perforante.

1er mars 2003 – La famille Burpo va visiter le Butterfly Pavilion de Denver en guise de célébration du rétablissement de Todd. Ce soir-là, Colton se met à vomir sans arrêt.

3 mars 2003 – Un médecin d'Imperial, au Nebraska, examine Colton et écarte la thèse de l'appendicite.

5 mars 2003 – Todd et Sonja sortent eux-mêmes Colton de l'hôpital d'Imperial, au Nebraska, et le conduisent en voiture jusqu'au Great Plains Regional Medical Center à North Platte, au Nebraska. Le docteur Timothy O'Holleran se prépare à l'opérer.

5 mars 2003 – Colton subit sa première opération, une appendicectomie. Il souffre à la fois d'une appendicite perforante et d'un abcès.

13 mars 2003 – Colton est autorisé à quitter l'hôpital. Cependant, alors que Todd et Sonja poussent son fauteuil roulant dans l'ascenseur, le docteur O'Holleran leur crie depuis le corridor d'arrêter. Des analyses sanguines indiquent une montée en flèche de sa leucocytémie. Un scan révèle qu'il a deux autres abcès à l'abdomen.

13 mars 2003 – Colton subit une deuxième opération – une laparotomie – afin de drainer les abcès. Au cours de cette chirurgie, on découvre trois abcès au total.

17 mars 2003 – Le docteur O'Holleran fait savoir à Todd et à Sonja qu'il ne peut rien faire de plus pour Colton. Il recommande que Colton soit transféré à l'hôpital pour enfants de Denver. Un blizzard bloque toutes les issues en y soufflant plus d'un demi-mètre de neige. Dans leur ville d'Imperial, leur congrégation convoque une réunion de prière.

18 mars 2003 – Le lendemain matin, Colton démontre des signes de rétablissement étonnants et ne tarde pas à se mettre à jouer comme un enfant normal. Il se rend à la salle d'imagerie en trottinant, et ses radiographies ne montrent plus d'obstruction.

19 mars 2003 – Après dix-sept journées éprouvantes, la famille de Colton rentre chez elle à Imperial.

3 juillet 2003 – En route vers la maison de son cousin, au Dakota du Sud, Colton livre le premier de nombreux récits au sujet du ciel tandis que la famille est garée dans le parking d'un Arby's à North Platte, au Nebraska. Colton raconte progressivement d'autres choses au sujet de ses péripéties célestes.

4 octobre 2004 – Colby Burpo, le jeune frère de Colton, vient au monde.

19 mai 2010 – Colton Burpo a onze ans. Il reste en bonne santé physique.

NOTES

Chapitre 2 : Le pasteur Job
   1. Matthieu 10.24.

Chapitre 6 : North Platte
   1. 2 Samuel 12.13, 14, paraphrasé.
   2. 2 Samuel 12.21-23, paraphrasé.

Chapitre 9 : Des minutes s'égrenant à pas de tortue
   1. Matthieu 9.6.

Chapitre 12 : Un témoin oculaire du ciel
   1. Marc 9.3.
   2. Apocalypse 21.19, 20.

Chapitre 13 : Des lumières et des ailes
   1. Actes 1.9-11.
   2. Matthieu 28.3.
   3. Actes 6.15.
   4. Apocalypse 10.1.
   5. Matthieu 18.3, 4.
   6. Daniel 10.4-6.

Chapitre 14 : Heure du ciel
   1. 2 Pierre 3.8.
   2. 2 Corinthiens 12.2-4.
   3. Apocalypse 4.1-3.

Chapitre 18 : La salle du trône de Dieu
1. Hébreux 4.16.
2. Hébreux 12.2.
3. Apocalypse 21.2-5a, 22, 23.
4. Hébreux 12.2.
5. Luc 1.13-15a, 18, 19.
6. Hébreux 12.1.
7. Apocalypse 21.23.

Chapitre 19 : Jésus aime vraiment les enfants
1. Apocalypse 4.3.
2. Apocalypse 21.18-20.
3. Matthieu 7.7, 9-11.

Chapitre 25 : Les épées des anges
1. Luc 10.18.
2. Daniel 10.13.

Chapitre 26 : La guerre à venir
1. Apocalypse 9.6-10.
2. Apocalypse 20.1-3, 7-10.

Chapitre 27 : On verra bien un jour
1. Jean 20.24-29.
2. Kramarik, Akiane. *Akiane : Her Life, Her Art, Her Poetry,* Nashville, Thomas Nelson, 2006.
3. Marc 10.14.

AU SUJET DES BURPO

TODD BURPO est pasteur de la Crossroads Wesleyan Church à Imperial, au Nebraska (population : 1762 habitants en 2008), où ses sermons sont diffusés tous les dimanches sur les ondes de la station de radio régionale. Il travaille également comme entraîneur de lutte dans les lycées publics du comté de Chase et il siège au conseil scolaire. En cas d'urgence, il est possible de trouver Todd en train de travailler aux côtés des sapeurs-pompiers bénévoles de la caserne d'Imperial. Il est également l'aumônier de la Nebraska State Volunteer Firefighter's Association (l'Association des sapeurs-pompiers bénévoles de l'État du Nebraska). Pour subvenir aux besoins de sa famille, Todd exploite également une entreprise du nom d'Overhead Door Specialists. En 1991, Todd a terminé un diplôme de premier cycle en théologie avec très grande distinction de l'Oklahoma Wesleyan University. Il a été ordonné en 1994.

SONJA BURPO est une mère occupée à prendre soin de Cassie, de Colton et de Colby. De plus, elle est chef de bureau à la société immobilière Moreland. Ayant obtenu un diplôme de premier cycle en enseignement au niveau primaire de l'Oklahoma Wesleyan University et un diplôme de deuxième cycle en bibliothéconomie et en science de l'information, Sonja est devenue enseignante accréditée dans l'État du Nebraska. Elle a enseigné dans le système scolaire public tant en Oklahoma qu'à Imperial. Sonja se passionne pour le ministère auprès des enfants et travaille aux côtés de Todd en tant qu'administratrice de son entreprise de portes de garage.

Pour en savoir plus, rendez-vous sur les sites (anglais seulement) *www.heavenisforreal.net* et *www.hifrMinistries.org*.

AU SUJET DE LYNN VINCENT

LYNN VINCENT est l'auteur du best-seller de la liste du *New York Times* intitulé *Différent, tout comme moi,* qui relate l'histoire d'une amitié improbable entre un riche marchand d'art blanc et un Afro-américain sans domicile ; et de *Going Rogue: An American Life,* les mémoires de Sarah Palin, l'ancienne gouverneur de l'Alaska et candidate à la vice-présidence.

Auteur ou coauteur de neuf livres, Lynn a travaillé onze ans comme éditrice en chef, puis comme rédactrice des grands reportages, à la revue d'actualités nationales bimensuelle *WORLD Magazine,* où elle couvrait la politique, la culture et les actualités. Vétéran de la marine américaine, Lynn donne également des cours de rédaction au World Journalism Institute et au The King's College à New York. Elle vit à San Diego, en Californie.

Pour en savoir plus, rendez-vous sur le site (anglais seulement)
www.LynnVincent.com ou
www.Facebook.com/LynnVincentonFB.

TABLE DES MATIÈRES